カタカムナのチカラ

進展相似象

Similarities in progress

[著]川ヰ亜哉子
Ayako Kawai

前書き

この世の中に何かが始まる時、そのトキ、そのトコロは、まるで突如として始まったかのように思えるが、本当は、逞《たくま》しくも潜んでいるチカラが前に駆けていって、その道を作り上げていることが多い。この本もそうで、その潜んだチカラと深い関係性を結んでいる。

日本の古代には、叡智があった。叡智とは深遠な道理を悟りうる優れた知恵のことである。カタカムナ古代人と呼ばれている日本の大地に住んでいた古代人は、天然自然と結び合い、深淵な道理を悟り続けながら生きていたのである。

彼らは「カタカムナ」というモノを受け取り、その中に潜在していた天然自然の道理を展《ひら》き、道理と結ばれた者は、理がチカラになるような仕組みを作り上げた。そこでは、新しい未来が生まれるスベが語られている。深淵な道理を知恵にした彼らはまた遠い未来のある時に、それらがタイミング良く展くように工夫を凝《こ》らし、残したのである。そして、自分たちのとても大切にしている山の中に、それらをひっそりと祀った。

その時代の叡智は、光である。それらが生まれて、空になり、海になり、大地になった。あらゆるものが大地に生まれ、そして、途方もなく長いトキトコロを積み上げて人間が生まれたのである。

人間は、天然自然が響きあう音を、一つずつ、丁寧にカタチにしていった。自分たちが発する音によって次々と立ち現れる光に導かれるように生き、踊り、歌ったのである。天然自然の叡智は、あらゆる生きとし生けるものに懐《なつ》かれ、そして懐き、全ての存在たちと共振して進化し続けてきたのである。カタカムナという世界は、これらの叡智をウタのコトバとして残した。

私たち日本人の先祖は、脳の容量が大きく変化した認知革命を過ぎた時期になっても、狩猟採集生活を営み続けてきた。発展しようと思えば、すぐに発展へと舵取りできたにもかかわらず、その道を辿《たど》らず、ひたすら、これまでの生き方を貫き続けてきたのである。

自分たちのエネルギーは、自然界の中に埋め込まれているとし、エネルギーの総和は地球上に存在する全ての生きとし生けるもの、例えば人間や動物や植物などの行為によって保存されていると信じていた。人間や動物、植物が動き働くことによって、人間と動物と植物のもつチカラの大きさと小ささが常に変遷し、それがため、この世界が保たれていると信じていたのだ。彼らにとっては、自分たちのエネルギーは自然界の中に埋め込まれ、共に存在していることが当たり前だったのである。

言葉が生まれた時期は七万年前ぐらいだとされている。その後、四万年前に壁画や記号があらゆる地域で描かれるようになる。人類は、いよいよ創造の爆発と呼ばれる時代に突入したのだ。これは、芸術的な心の作用が生まれる前の時代に、すでに言葉があったことを伝えている。

言葉が生まれてから創造の爆発までの三万年の期間、ホモサピエンスの脳の容量はそんなに変わってはいない。言葉は淡々と受け継がれ、淡々と人々の間で進化発展し続けていき、そして記号や芸術の時代を迎えるのである。今よりもずっと、時間がゆったりと進んでいたことが感じられる。

そのストッパーが外れたのは、米作りという大量生産へと時代が動いた時である。安定をもたらすのと引き換えに、米作りをするには、自然を造作する必要がある。水の道を切り開き、灌漑《かんがい》施設によって土地を改良していくのだ。日本の大地の上に住む人々がその決断をするまでには、とても長い時間を必要とした。なぜなら、彼らにとって、自然は私たちと同じように命をもち、自分たちが生きているのと同じように存在しているモノだと考えていたからだ。人間側の都合で、その命にメスを入れることなど、彼らの魂の内に存在していなかったはずである。

だが、時代を生き抜くためには、不可避なことだとして、一粒の籾殻《もみがら》から大量の米を収穫する「大量生産の道」へと進んだのである。その時、その決断をさせた「何か」があったわけである。

カタカムナウタヒとは、それよりずっと以前の古代人たちが残した歌である。つまり、大量生産化するよりずっと前に謳われていた歌ということになる。自分たちが何らかの変化をもたらしたら、必ずその変化による差を埋めるように彼らは生きていた。自分と自分を取り巻くものたちは同じ次元で重なり合い生きていた。同質のものだと捉えていたのである。

つまり、変化をもたらすことで生み出される差、その差を埋め戻すことで、循環する社会を保ってきた。それは、少しずつ変遷する宇宙に共振しながら生きていくことを是とした民族だったからである。

まず、このことを頭に入れておかないと、これからお話しすることの本質は掴《つか》めないかもしれない。なぜなら、私たちの当たり前と、カタカムナ民族の当たり前は、あまりにもかけ離れすぎているため、今の考え方で、この歌を捉えてしまうと大事な事柄を見落としてしまうからである。

このことを教えてくれたのが、この本のために道を開いてくれた古山明弘《ふるやまあきひろ》氏であった。このカタカムナウタヒの物語は、二〇一三年頃に古山明弘という方が出された本が底本である。

私は、彼に二〇二〇年に出会い、求めていたカタカムナがここにあると確信し、その解説に夢中になった。毎月、彼の事務所に通い、気になることはメールで質問し、カタカムナの深層に触れてきた。

それが途絶えたのは、コロナというウィルス性の病であっさり、彼がヒカリの世界に還られた二〇二一年のことだった。

現象という世界で古山さんと私のトキトコロが重なり合ったのは、たった数ヶ月だった。

それでも、最後に交わした「また会いましょう」という言葉通り、今も潜象の世界、いわゆる見えない世界との繋がりの中で、出会いを重ね続けている。私がカタカムナの世界を体感し、体現するのに、今もきっと付き合ってくれている。

ある時、潜象側にいる古山さんにこんなことを言われた。

「あまりこちら側に寄ると、アシアトがつけられなくなる。まだ、早いよ、あなたがこちらに来るのは。足跡があるのは、現象界の現れ。アシアトウアン（カタカムナの長と言われる人）はそちら側にいながらにしてこちらの世界を受け取る人のことだよ。この方向を間違えてはならない。これはとても大事なことだ」

言われた瞬間、向こうとこちらを繋ぐ場のことが伝わってきた。そこはとても危ういと。その場に立ち、両世界の橋をかけながら、現象側で生きるのであれば、地に足をつける、グラウンディングが大事だと厳しく諭された。

彼は生きている時も早口だったが、あの世でも早口で軽く話し続ける。けれど、大抵は、こんなにわかりやすく、綴《つづ》り言葉で伝えてくれることはない。あの世の言葉、つまりカム語で語ってくる上に、朝になったら謎のキーワードが残されているだけなので、現象世界つまりカタの世界に住んでいる私は、そのキーワードから生まれるモノをなんとか認識するより仕方ない。

まるで、カムとの繋がり「カムナ」を与えられたようじゃないかと、よく思う。

何度も書き直され、何度も出版を重ねてきた『KATAKAMUNA80』には古山さんの独特なウタヒ解説が残されている。

亡くなった時に残されていた冊子を、少しずつ皆さんにお分けしてきたが、図象に誤植が多く、抜けている図象が多いことも判明した。それがわかった時、「訂正したものを出さなければならないなぁ」と思っていたが、それを決意させ、前駆させたチカラは、きっとフルヤマエネルギーなのだろう。

古山さんの背景には、カタカムナを残すのに尽力された、宇野さん、楢崎さんもいる。彼は、とてつもなくこの二人を敬愛していた。そして、その二人の向こう側には、カタカムナ古代人の背中をも感じる。

生前、古山さんに、「カタカムナ人に相似しなければ」と話すと、「そんな一気には行けないよ、一つ一つ足跡を辿っていかないと。宇野さん、楢崎さんは足跡をちゃんと残してくれている。これはすごいことじゃないか。私たちは、その足跡に自分の足を重ねて、前へ上へと進んでいけばいいだけなんだから楽なもんだ。足跡を重ねていけば、必ずカタカムナのカミへと繋がるのだから」と言われたのを思い出す。

確かに。一歩一歩、着実に、先人たちの残してくれた足跡を辿っていけばいいのである。

間違いなく、古山さんの残したものには、宇野さんと楢崎さんの足跡が残されている。そして、この本の中には、古山さんを通して、カタカムナ古代人のイブキが残るように足跡をつけていきたい。

足跡、アシアト。

フルヤマ解説は、ほとんどが宇宙語のようなので、地上の言葉に翻訳しないと意味が取れない。しかし、脳の反応に変化が起きれば、古山さんが残した文章と宇野さんが残された文章がリンクしてカタカムナ古代人の意識に繋がっていく。

この**「脳が変化する」**というのがカタカムナの本質であり、醍醐味であり、そして鍵である。

一人一人の脳の中にある古代の叡智の扉を開く鍵の一つがカタカムナである。ここには古代カタカムナ人が残した新しい未来の術が潜在している。その波動に私の魂は喜ぶ。なぜなのかはわからない。けれど、歌に素直に心を開き続けることで、現象の受け取り方、生き方が大きく変化してきたことは間違いない。

今まで、激怒しながら訴え続けた不都合な現実は、ただの虚にしか思えなくなり、そんなことに時間をロスしている暇はないのだとさえ思うようになった。

フルヤマ解説を元にカタカムナのウタサトシに入る前に、一言お伝えしておきたいことがある。これは、相似象学会誌に掲載されている一文である。

「カタカムナを学ぶということは、自分の感受性をキタエルということ。自分の感受性のキタエタ『ミ』(身・実)の蓄積量が、自分の人間性になる。また、一個人の波動量がその社会の文化度を変えたり高めたりする。わかるように易しく書くことで、わかる能力のない人を誤解させてしまう」

結構厳しい言い回しではあるが、安易に簡単にしてしまうことで誤解が生じるということを伝えている。確かに、難しさを難しいまま捉えていくと、脳が変遷するという実体験が私にもある。

カタカムナを学ぶために用意された相似象学会誌という書籍は、かなり難しかった。日本語で書いてあるのに、歯が立たないとよく思ったものである。でも、読むことをやめなかったのは、惹かれていたからだと思う。何に対して惹かれたのか、といえば、おそらくカタカムナ古代人に、である。

不思議とカタカムナウタヒに身を添わせていると、ある瞬間、これまで使ってきた言葉の波動が変化し、これまで持っていた言葉の意味がまるで変わってしまう。その生き方まで変えてしまう実体験が、私をカタカムナに向かわせてきたのである。

例えば、「時」といえば、流れてゆくものであり、計測のために使うものでもあり、過去を回顧するときに便利なものだと思ってきた。それが、カタカムナでは時は積み上げているモノであり、湧いてもくるという。最初は何のことやらさっぱりわからなかったが、ウタヒに触れていると、不思議とそれが当たり前になってしまうのである。しかも、あるポイントが定まることで時は湧き出してくるのだ。そして、時が湧けば、そこにトコロが絡まりトキトコロが生まれる。つまり、現象の生まれ方が、知ってきた事実とはまるで違っているのである。

時は湧き出し口であり、そのポイントでトコロと絡み合い、この世の中の全てを生み出すチカラだったという新しい理解に変遷する。

新しい理解は、「生まれた時」「始まりの時」という「～する時」思考から、「トキして生まれる」「トキした始まり」という捉え方へと変遷する。前駆した感覚の生き方が始まるのである。この脳力を変遷させる魔法（これをカタカムナではマノスベと現実的なコトバで回答してくれている）が、カタカムナのウタの中に潜んでいる。
これまで、当たり前としてきた当然の物や事に、カタカムナのコトバは別の新たな波動を仕組む。生まれた新たな仕組みは脳の中で、これまでとは違う現象を生み出すようで、新しいシステムで動き出した脳は、今までの言葉ではないコトバで全てのモノと出会い、真新しいコトバで世界は動き出す。トキトコロは湧き出し、積まれている。この空間の中にも、真新しいトキトコロは今・今、湧き出しているのだ。そうであるならば、トキトコロは流れているものではなく、私に真新しいものを与えてくれる、主・ヌシへとスライドしていくのである。カタカムナのコトバのもつチカラは体感よりも遥かに、深層意識への変化が大きい。

間違いなく、コトバは波動である。特にカタカムナのコトバには、チカラが宿っている。私たちのＤＮＡの元へと、このコトバのヒビキは働きかけていく。おかげで、ＤＮＡは新しい波動を増殖していくわけである。相乗効果のように、世界に存在するモノたちと、関わりが深まり、トキトコロの湧き出しが活性していくと、さらに、カタカムナの歌と同期していく。そして、さらに…、が繰り返されて、カタカムナ古代人という日本人のココロに触れる。

カタカムナ古代人のココロに触れれば、彼らが感じていた天然自然の本質、叡智に触れることになるのである。

繰り返しになるが、相似象学会誌の一文を再び載せる。

「カタカムナを学ぶということは、自分の感受性をキタエルということ。自分の感受性のキタエタ『ミ』(身・実)の蓄積量が、自分の人間性になる。また、一個人の波動量がその社会の文化度を変えたり高めたりする。わかるように易しく書くことで、わかる能力のない人を誤解させてしまう」

これはつまり、わからないと感じるものは、「新しい未来の予感」ということになる。わからないものが多ければ多いほど、未知の扉は大きなヒビキを蓄える。わかる能力は、カタカムナ人が生きていたこの日本の大地に住んでいる日本人であれば誰もが持っているはずである。

易しく書くことで、眠っている脳を眠らせたままにしてしまうことのないように、と私も思う。とはいえ、できるだけわかりやすく伝える努力をしながら、コトバの波動レベルは落とさないで書き続けていくように努める。

どうか、時間をとってじっくりと向き合ってもらいたい。

向き合うことで生命の発生に繋がるということを体感してもらうために、この本はある。つまり、新しい波動が脳の中に発生するためにこの本はあるのだ。そして、古代に起きた「認知革命」が、この時代に新しいカタチで再び起きるように、カタカムナは存在していると確信している。


私は、幼少の頃より長きにわたり、生きるとは何か、死ぬとは何かという問いに向かい合って生きてきた。誰かの死がわかったり、熱にうなされながら光の世界に包まれたり、病弱で病気ばかりして注射や薬のお世話になり続けてきた。曖昧《あいまい》な世界の中にいた私が、子供ながらに受け取った人生の進め方がある。

フルヤマ解説以外の文章の中には、そんな体験を踏まえてカタカムナを人生論に置き換えてみた。解説書になってしまうと伝わりにくいため、幾分、物語の要素を含めて書いている。カタカムナ用語で、「間・アヒダ」のことをマというが、解説書でもなく、物語でもない「マの本」になるように仕組んでみた。

使えるものにしたいという私のココロの表れである。

カタカムナ　48声音符図

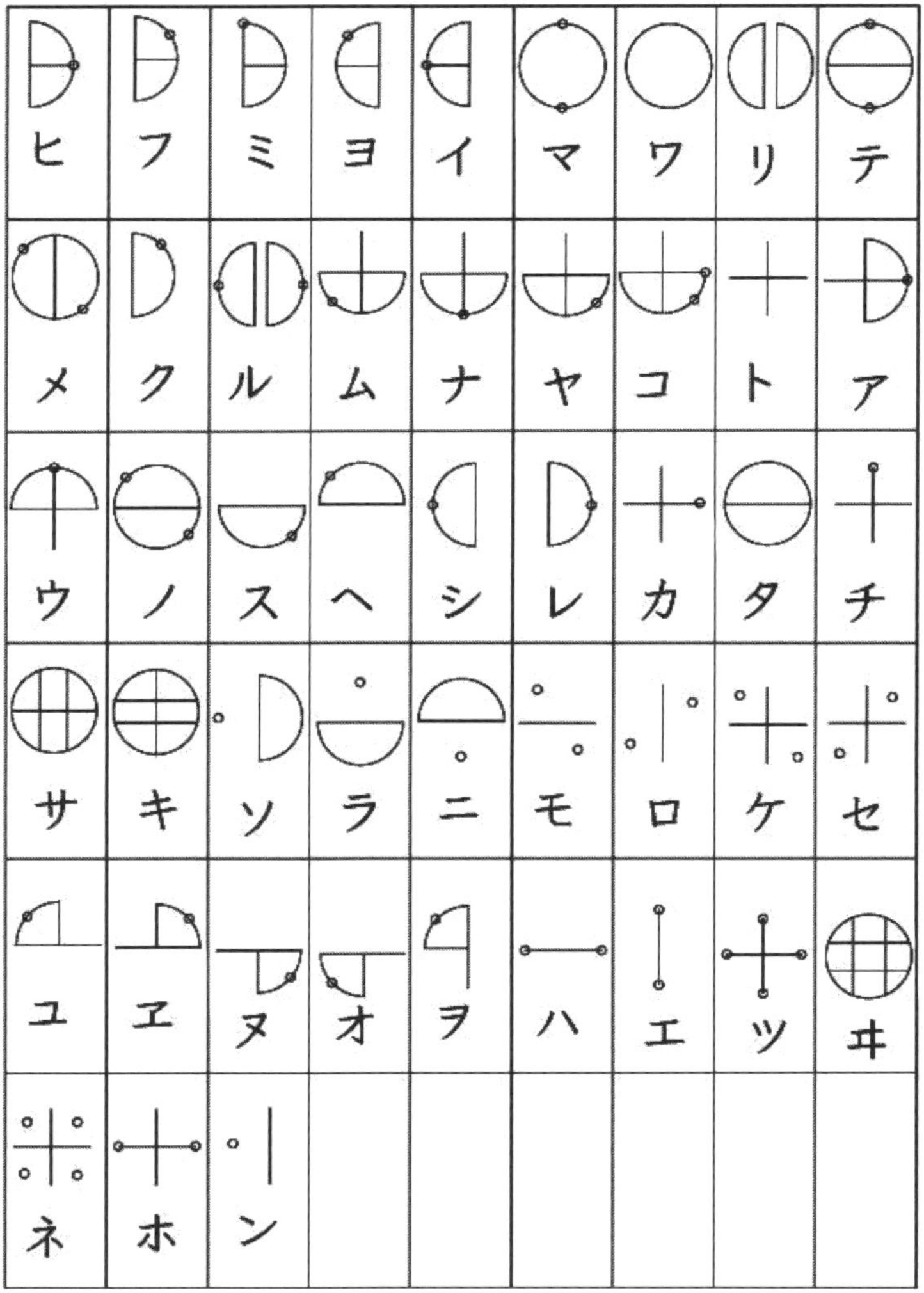

目次

第六首　五と七の世界　ソラニモロケセ　ユヱヌオヲ　発生の物語―― 205

カバーデザイン　森　瑞（4Tune Box）
本文仮名書体　文麗仮名（キャップス）

始まり・ハジマリ

ハジメが肝心——「選ばない人生」で得たもの

古山さんと初めて会ったのは、東京駅のそばにある大きな書店のティールームだった。

この時、聞かせていただいた数々の驚きの事実。

古山さんは、以前に脳梗塞で入院されたのだが、入院の前日、知らない言葉が流暢に口から出てきたのに驚いたそうだ。これは後にも先にもこの時一度きりのことだったそうで、そのコトバは、今の言葉ではなく太古の日本語だということに気づいたらしい。後から判明したのだそうだが、それがカタカムナのコトバだった。次の日、古山さんは脳梗塞を発症し、二十一日間の入院を余儀なくされ、その後、失語症となりしばらくコトバを発することができなかったとのこと。ただ、その間中、日本語とはなんだろうという問いが頭から離れなかったと聞かされた。そして、病気から回復してから、流暢に口から出てきた言語である『カタカムナ』を研究され始めたのだった。

なんともまぁ、不思議な話を次から次へとしてくださるものだから、注文したハヤシライスに手を出す暇もないほど、最初から最後までカタカムナの話で夢中であった。

この瞬間から、今に続く私のカタカムナ研究がスタートしたと言っても過言ではない。

ただ、カタカムナ的に言えば、それが始まるための場を、それ以前に長々と温め続けてきたのを付け加えておきたい。


私とカタカムナとの出会いは、今から十数年前に遡る。

あえて言っておくが、何度も放り出している。難解すぎて私の人生には必要ないと思っていたのだ。その度に、カタカムナが「迎えに参りました」と無遠慮に扉を開けた。そんなことを二度も繰り返した。

考えてみると、今の私を支えているもので、こちらから突進したものは一つもない。全て、誰かのお膳立てで始まったことが、結果として私の人生になくてはならない、かけがえのないものになってきた。

これは、「選ばない人生の結果」であるとも言える。

カタカムナの理の中には、今まで生きてきた方法とはまるで違う方向の生き方術が存在する。「選ばない人生」もその一つである。

ここで少しだけカタカムナのことをお伝えしておこうと思う。

カタカムナは、兵庫県にある金鳥山《きんちょうざん》という山の中にあるとされるカタカムナ神社の御神体が元である。これは、古代から平氏という部族の中で護り続けられてきたもので、見たら目が潰れると言い伝えられてきた代物だった。その神社の近くで電気物理学者の楢崎《ならさき》皐月《こうげつ》という男性が、土地の電位を実測するのに穴居生活をしていた。

ある時、楢崎皐月さんは、沼に電位を測るための機械を設置したが、そこへ猟師風の男性が現れて、動物たちが怖がるからその機械を沼から外せと言った。

平十字《ひらとうじ》の登場である。楢崎さんは、直ちにその機械を沼から引き上げた。その行為に好感を持った平十字が、楢崎皐月さんにカタカムナ神社の御神体である文献を見せてくれたわけである。そういうきっかけで、カタカムナ文献は世の中に出てきた。

楢崎皐月さんは、この御神体である文献を、長い時間を費やして紐解いた。記号で描かれていたものを文字だと判読して、一つ一つに読み仮名を振っていったのである。

そして、楢崎さんは、自分の持っていた全ての知識を、後継者として選んだ宇野多美恵さんという女性へと引き継いだ。宇野さんはその内容の大半を「相似象学会誌」という著作にまとめられて今がある。その学会誌は今、ほとんど絶版になっていて、残念ながら、なかなか手に入らないようである。

この学会誌の中に、日本語には正反対称性と歪み性があると述べられている箇所がある。一例を挙げてみると、アの正反対称性は、アカ・アオ。歪み性は、アヤ・アラ・アブレ・アソビ。書籍の中には、日本語の四十八音、全ての音にある正反対称性と歪み性が挙げられている。

なるほどなぁと順番に見ていたら、エの正反対称性は、エル（得る）・エラブ（選ぶ）。その歪み性は、エコ（依怙）・縁（エニシ）、と書いてあるのを見て、驚いた。

「えっ、『得る』の反対は『失う』じゃないの⁉」

前を見直してみると、ウの正反対称性は、ウル（得る）・ウシナウ（失う）、歪み性はウヅ（渦）・ウネリ・ウナルとなっている。

エとウの違い。「得る」という漢字は、エルともウルともどちらにも読める。

しかし、音が違うと、対になる言葉が違うことにとても驚いた。

エの記号 ○━○ は、枝が伸びるように生成繁茂することを示している。この場合の枝はただ伸びるのではなく、幹をくるみ、守るように伸びていく様子を示している。したがって、エには「伸びる」だけではなく、「守る」という意味も含まれている。

ウの記号は、界面を表し、潜象から現象が発生する境目を示している。生まれる瞬間の境界面を表しているから、何かが発生することを「ウマレル」というのである。

得（ウ）るというのは、生まれることであり、失うというのは、生まれたものがなくなってしまうことを言う。つまり消えてしまうことだ。

同じ漢字を書くのに、得（エ）ると読むものは、内側を守るように外に枝が出て、栄えていくことを言う。得（エ）るの場合、反対語は選ぶとなっている。つまり、選ぶと得られないは、外に枝が出て、栄えていかないということである。

これは衝撃だった。

時も時、精神世界やスピリチュアルな世界では、「選びなさい、人生が動かないのは選び決めていないからだ」と強く強く言われていた時期であった。

そのため、本当に驚き、まずは、そんなはずはないだろうと疑った。

けれど、よくよく人生を振り返り考えてみたら、私の人生で、今も続いているものは、選んでこなかったものばかりだということに気づいたのだ。カタカムナなどはその最たるものので、私には無理だと簡単に投げ出したはずなのに、なぜかブーメランのように戻ってくる。それも、二回も。

古山さんとも、私が会いたいと懇願して会ったわけではない。古山さんが書かれた最初の大判の『カタカムナは日本語の起源』を持ってはいたが、これも難しすぎた。文章が日本語になっていなくて、何度読んでも意味不明だったので、何年も前に手に入れていたのに、ほぼ新品のまま放置していた。

ある朝、この人生を変えたいと、真剣に思い、強く祈った。何かに取り巻かれていたわけでもない。ただ、この人生の在り方に疑問を感じていたのは確かだった。本当に「私」という人間が、この世で為すことがあるのであれば、それを明確に見せてもらいたいと、神棚にきっちりと手を合わせて祈った。というより、神を脅した。ちゃんと、形にして、わかるように見せてみろ、と。


古山さんを紹介したいという人から電話がかかってきたのは、意味もなく唐突に湧き上がる祈りを唱えた日の夕方のことだった。

その方は、楽しげに伝えてくれた。

「古山さんという人に会って話をしたけど、彼はカタカムナの真髄を知っていると思う。

大事なことを言われているのだけど、何を言っているのか難解すぎてわからない。だから、古山さんと読者を繋ぐ翻訳書を書いてもらえないか」と。

私にそれができるのか、それともできないのかを考えることもなく、私はすぐに返事していた。「わかりました」と。

朝の脅しから十時間ほど後のことである。神は脅しに弱い。

ただ、お会いする前に読み直してみた『カタカムナは日本語の起源』は、やっぱり難しすぎた。が、難しすぎる内容でも、古山さんに会えば、すぐに理解できるようになると、単純明快に思っていた。

その頃には、すでに古山エネルギーとの共振が始まっていたようである。

古山さんと初めて会った日は、単純さに上乗せして、あれも聞こう、これも聞こうと、あらゆるモノを持って出かけた。私の荷物は、ただ人に会うというだけの荷物ではなかった。カタカムナを立体にしたモデルに、カタカムナの本、そしてそれまでに記述したノート。紅潮した肉体。もう、嬉しすぎて喜びの波動に包まれていたに違いない。

そんな私を一目見て、古山さんは一言呟いた。「思った通りの人が来た」と。

今ならわかる。前駆している波動が、古山さんにすでに何かを伝えていたことを。

単純で考えなしの私の波動が既に届いていたのかと恥ずかしくなる。

カタカムナにそんなチカラが存在することを、その時、まだ私は気がついていなかったのである。

同行者は二人いた。その二人をよそに、二時間だろうか、三時間だろうか、立て続けにカタカムナの疑問をぶつけると、自分の思考が全く及ばない答えが、古山さんから返ってくることに心躍った。同行した人は言った。

「カタカムナのことは全くわからないけど、古山さんとあなたが、カタカムナの話をしてる時は、めちゃくちゃイキイキしていることだけはわかる」と。

これが、今に至る私のカタカムナのハジマリだと言える。

古山さんに会うまでの十年弱も、カタカムナを学び続けていた。つまり、勉強してきたのである。始めてはやめ、やめては取り掛かり、「これだ」ということもなく、ただ、なんとなくダラダラとカタカムナしてきた。学ぶというより習慣的に見ていた感じである。今ならわかるが、実はその行為を介して、発生する場を作り上げてきたのだ。来《きた》る、古山さんとの対向発生を生む場を、長々とマツリあげてきたわけである。長かった。

なぜ、やめきってしまわなかったのだろう、という問いかけは愚問である。

全て、采配を振られていたことだ。

カタカムナというチカラによってここまで采配されてきたのだ。この十五年というもの、カタカムナは常に私の傍にあった。やめてもやめても、無理と言っても言っても追いかけられた。核心の部分に触れることなく、回り道をし続けてきたのである。

だが、そんなウキウキした時間はあっという間に過ぎ去った。古山さんとの現世の対向発生の場は、それからわずか一年ほどで幕を閉じたのだ。古山さんは、あっさりと光の世界に旅立ったのである。

初めてお会いした頃から、「自分の命は長くない」とポツポツ、口にされていた。「そんなはずないです」と、ポツポツ、言い返してきた。しかし、古山さんは続けた。「あなたの目にたくさんの人が映っているのが見える。だから、ちゃんとしたことを伝えておかなければならないと思う」と。

彼は、私に伝えたのではない。私の目に映る人たちに、ずっと伝え続けていたのである。

古山さんが伝えようとした世界は壮大であり、そして、少し人間臭い。

例えばこうだ。

三種の神器とよく似たカタカムナの三つの中心図象がある。

ミクマリ
フトマニ
カタカムナ（通称・ヤタノカカミ）

これらの図象の解説を彼はこのように教えてくれた。

ミクマリは人の思い
フトマニは人の倫理
ヤタノカカミは自然界の示しと考えています。
ミクマリの歌は人の思いを訴えるもの　フトマニに基づいた歌は人間が自然界を論じることからカタカムナ人の思考の仕方を知ることができ、ヤタノカカミの歌は天然自然をカタカムナ人が感じとったことを描いたものであると考えています。

こんな解説を、今まで私は聞いたことがない。

三つの中心図象

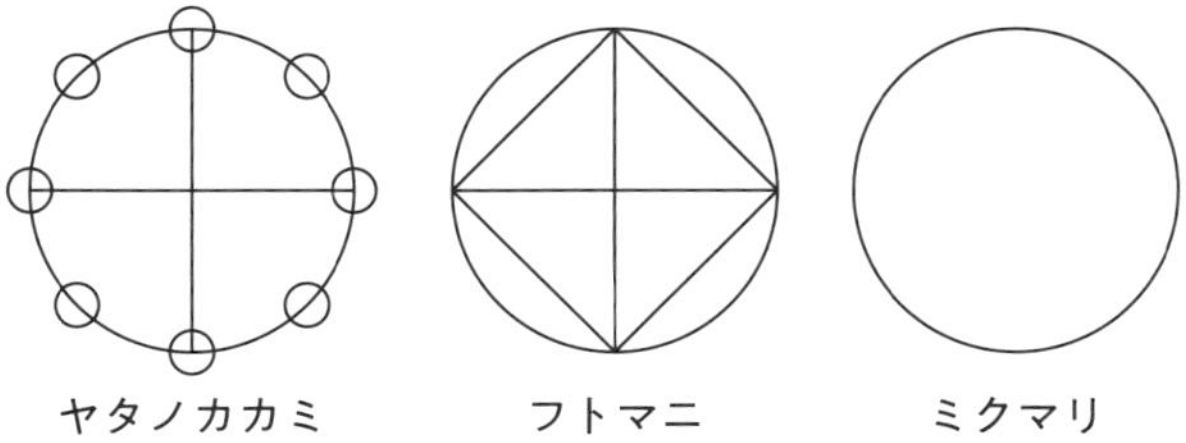

〈ミクマリは人の思い〉

歌として残されたカタカムナウタヒは、八十首存在している。
ミクマリの歌とは、その中に、二首しか存在していない。

第一首
カタカムナ　ヒヒキ　マノスヘシ　アシアトウアン　ウツシマツル　カタカムナウタヒ

そして、

第十五首
アワナギ　アワナミ　ツラナギナミ
アヤミクマリ　クニノミクマリ
アメノクヒサモチ　クニノクヒサモチ
シナツヒコ　ククノチ　オホヤマツミ　ヌツチカヤヌヒメ

この両方のウタヒの真ん中に置かれているのがミクマリ図象である。どんな図象かというとただの円である。

このウタヒが人の思いであり、人の思いを訴えるものだとして捉えたら、どんな発動が起きるのか、それはとても新鮮だった。

このどちらの歌にも、ウツ・渦、シマ・島、ナギ・凪、ナミ・波、など、水や海に関係している言葉が並んでいる。

ミクマリとは、現象を生み出す全てが、ミクマリという丸の中にクマっていて（潜んでいて）、故に、全てはここから生まれてくる、というのがカタカムナの一般的な捉え方である。

しかし、ミクマリは人の思いであるという。

言い換えると、人の思いは、ミクマリとして潜んでいて、何かのきっかけで現象界に現れ出るということにもなる。それは、ミクマリと共振したらわかるとも言っていた。

ミクマリをパソコンで変換すると「水分」と出てくる。水の中に人の思いが潜んでいるのだろうか。それもあり得なくはない。この空間中にも水は潜んでいる。空気とは水が気化したモノである。空間を伝って人の思いが届くのは、水の中にあるミクマリのせいだろうか。

「ミクマリ」を辞書で引いてみる。

「水配の意、山から流れ出る水が分かれる所」とある。こちらの水配には、水を分けるという意味があるようだ。確かに、近畿の水分神社は、分水嶺のところに建っていることが多い。

なぜ、水が分かれるところに水分神社、ヤシロを人々は建てたのか、確かにそこにはその場にヤシロを建てるという人の思いがある。なんとなく古山説に繋がってきた。

分水嶺という水が分かれる場に水を分ける大きなエネルギーの存在があると感じた古代人。彼らは、水が二つに分かれた現象の奥、背景に、水を二つに分けた「モノ」が潜んでいると考えた。そして、その「モノ」から全てが生まれてくることを示しているミクマリ。古山さんは、現象が人の意識で生まれてくることを「人の思いである」としているのだ。

人の思いは、見えない世界と繋がっている。つまり、意識は見えない世界との繋がりを持っているのである。

カタカムナでは、見えている世界のことを形ある世界として、カタといい、見えない世界のことを形なき世界として、カムとしている。カタとカムを繋いでいるのは意識である。

水の中に、カタとカムを繋いでいる世界が存在していると私は思っている。潜象という見えないカムの世界と共振するために、水が媒体になって繋がりをもたらしている。私たちの肉体も水でできている。地球は水の惑星である。イノチが存在する星でもある。

それらを大きく取り巻く水が、現象の元にあるとしたら、また、現象の全てを繋いでいるとしたら、水はカタ・カムナという型を持つモノである。

そして、その水を分ける大きな人の思いは、間違いなく分水嶺のような現象を生み出す。なるほど、ミクマリは人の思い。そう言われてみれば確かにそうである。

〈フトマニは人の倫理〉

倫には、常という意味がある。

「順序だっている意味と音を示す命とから成り、筋道・常という意味がある」という。

フトマニとは、一般的なカタカムナにおいては、「見えている全体像である現象・カタ」と「全く見えない世界である潜象・カム」という二つの世界の「結び」を表しているコトバである。二つの世界が結ばれると、場、舞台ができるという理を表している。

古山さんが言うには、フトマニが中心にある歌は、人間が自然界を論じる歌であるという。そのような歌からカタカムナ人の思考の仕方を知ることができる。

カタカムナ人の思考とは、現代人の思考と少し違う。

例えば、美しいと感じるモノの多くは、カムとの繋がりが強く、カムの世界に存在するチカラが、大きくカタ側に出て来ていると伝えられている。

それだけでなくて、美しいと感じることによって、肉体側ではカムのチカラが、生命のチカラに交換されているところまでを含めてカタカムナウタヒの中で伝えている。つまり、美しいと感じることは、ただ美しくて素敵なだけではなく、生きるために必要な生命力が肉体の中に発生していると言っているのだ。美しさが引き起こす作用までを含めて「美しい」という言葉になっている。潜象・カムから引き出してきたチカラが「イノチのタネ」となって肉体へと作用しているわけである。

美しいと感じることが、生命力を生んでいるということを現代人はもうすっかり忘れてしまっている。自然の中には、イノチのタネを発生させるチカラが存在しているわけである。例えば芸術的なモノを美しいと感じることは、そこに埋もれているカムのチカラを見ている人が感じ生命力を活性していることになる。

また、生命のチカラが強い場をイヤシロチといい、弱い場をケガレチという。イヤシロチにはカム界と繋がる扉が多いのである。が、ここにはイヤシロチが良くて、ケガレチが良くないという思考はない。

どちらかが存在すれば、必ずその反対が発生する。

どちらかだけを見るのではなくて、どちらも存在して当たり前と見ている。そこには、良い悪いや、必要、不必要という考え方はない。

今から思えばどうやって生き抜いてきたのだろうと思えるような時代に、逞しくも生命を繋いできたのは、現象の元にあるチカラを捉えてきたからである。

つまり自然界には筋道がある。自然を捉えて生きた人々は、自然界の中に住み、冬から急に夏に変化することはないことを知っている。桜の木にひまわりの花が咲くこともない。そして、良い悪いもないのだ。

誰かが言っていた。「桜の花が散って地面に落ちる時に、ここが良い、あそこが良いと言っているのを聞いたことがない。散る時は潔く散り、そして、地面の上に落ちた花びらはいつの間にか消えてなくなっている。自然界とはそういうものだ」と。

〈ヤタノカカミは自然界の示し〉

そのような筋道、チカラの道が、フトマニの歌で歌われている。

そのような歌は人の倫理を歌っているということも納得できる。

中心がカタカムナ図象、通称ヤタノカカミの歌はカタカムナ古代人が天然自然を感じとったことを描いたものである。

天然自然をカタカムナ古代人が感受して、素直に書き出したものに添えられている。感受したことを、感受したままに綴った歌だからこそ、その数は多い。

八十ある歌の七十一の歌の中心に置かれている。

天然自然をカタカムナ人が感受し、描き出している歌であるのだとしたら、考えることなくただそのまま読めばいいのではないか。

この類の歌を読み続けることで、あるいは、書き続けることで、カタカムナ古代人が歌に込めた自然の法則が、私の脳の中にスライドしてくるような気がしている。

「気がしたこと」を、古山さんに相談してみた。

帰ってきた返事は、こうである。

「カタカムナ一首のカタカムナヒビキマノスベシを、人間の想念を（が）、潜象界にヒビキさせると具体的な理念がマノスベシになります。これを日本語に意識してカタカナを差し込むことで裂け目ができることになり立体的な理念となります。よく繰り返しイメージトレーニングしてください」

またまた、宇宙語である。

私の中にヒビイたのは、「日本語の中にカタカナを挟むことで、裂け目ができて立体的な想念になる」という部分だ。

この後、文章の中にカタカナを多用するようになった。物理の法則や、電気法則の難しさにハマっていた頃の話である。

書き言葉の中にカタカナを差し込めば具体的な理が生まれるとは単純な方法である。

小難しさに慣らされていた私の脳は、この自由な発想に触れたのをきっかけに、本質的なカタカムナの認識へと、どんどん傾いていった。カタカムナを理解しようとすることで、やってはならない、こうしなければならないという想いや、間違ってはいけない、私の思いを入れてはならないと、どんどん発想が貧困化していって自由度が失われていた頃のことである。

ここまでにトキトコロを積み上げてきたことで自由さに出会えた。

長かったし、本当にいろんなことがあった。

ヤタノカカミ・カタカムナ図象が中心にあるウタは、カタカムナ人が天然自然を感受したウタ、それを書き、読み続けてみよう。そして、カタカナを書きコトバにサシハサンデやろう。この些細な小さなコトが最大の作用をもたらしてくれた。

それもこれも、全てのことを、「選ばないこと」でここまで続いてきた。きっかけをくれる人や、きっかけをくれる物事は全て采配だと思う。その采配が、場や舞台をつくり、現象を発動させる。そういうモノをひっくるめて「サイハイバー（采配場）」と私は呼んでいる。古山カタカムナは、表面的なところしか見てこなかった私の世界を大きく広げてくれた。全てのモノには、そうたらしめている采配が存在しているのだ。

対向発生と互換重合――向き合うことでイノチのタネが発生する

カタカムナは、確かに小難しい。
でも、カタカムナが伝えていることは、シンプルにたった二つである。
それは、

対向発生
互換重合

大きくまとめるとこの二つに尽きる。

対向発生のことをカタカムナでは、フトマニ　ムカヒ　ムスヒ　など、その他あらゆるコトバで語っている。

互換重合は、アウノスベ　カサナリカエシ　ミコト　などのコトバに変換されていく。

全てを発生させる理はこの二つであり、カタカムナの歌も全てがこの理に結びついている。

対向発生や互換重合より、フトマニ、ムカヒ、ムスヒや、アウノスベの方が日本人ならしっくりくる。

わからないのに、なんとなくわかった感じがする。それがカタカムナである。これらのコトバには波動がある。この理を元に現象と潜象、見える世界・カタと、見えない世界・カムの関係性が説かれていく。

対向発生とは、簡単に言えば、向かい合うことでイノチのタネの発生があるということである。

向かい合うことは、それほどに強力な発生を作り出す。

例えば前述の、「美しい」という感覚も、向かい合うことで生まれる。美しいものと自分が向き合うことで、知らずのうちに、自分の中の生命力という生命のタネが発生していると伝えられている。苦しいことや悩み事も、向かい合うことで解消することが多い。なぜなら、向かい合うことで、悩み事や苦しみを解消してくれるイノチのタネが生まれるからだ。つまり、ここには、「まず向かい合うだけでいい」という理がある。

カタカムナ古代人たちは過酷な環境や、生命の灯火が消えてしまう厳しい状況にも向かい合い続けてきたのだろう。それが、カミを生み、カミは祈りへと遷り変わってきたのではないだろうか。

私も、向かい合い続けてきた。カタカムナという大きな壁に。

三度目の正直、カタカムナブーメランが三回目に飛んできて、三枚目の扉が開いてからは、カタカムナというモノの本当を知りたくて、真実を学びたくて、ずっと挑んできた。

探し続けて、そして、学び続ける。つまり、向かい合い続けていれば、いつかきっと、カタカムナの本当に出会えるとずっと思い続けてきた。今できることをやり続けていくことで、思いは発酵し、細分化され、流れ出したのと同時に展開の道筋が見えてくるのである。

対向ということ、孔子の仁

孔子は論語の中で「仁」を教えの根本に置いている。

一般的に、仁は人を愛すること、真心や思いやりを大切にして人を愛する心を取り戻すことだとして、この世の中で「仁」が最も重要と位置づけたとされている。

そして、カタカムナを通して論語を学んだ時、「仁」とは、この対向発生のことを言っているのだと伝えられた。

『新しい論語』（ちくま新書）の著者である小倉紀蔵さんは、その著作の中で「仁」のことをこんなふうに伝えている。

「孔子が唱えた『仁』という概念は、ふつう、道徳とか愛などと理解されているが、より正確には、人間が二人以上いるときにその関係性の〈あいだ〉に立ち現れる〈いのち〉のことをいったのだと考えることができる。すなわち、孔子の『仁』とは〈あいだのいのち〉という意味であったのだ。」（第一章　東アジアの二つの生命観）

これが、カタカムナで言う「対向発生」である。関係性の〈あいだ〉に立ち現れる〈いのち〉。そのあいだのことを、カタカムナでは「マ」という。間・マである。

さらに小倉さんはこうも述べている。

「われわれは、気がついている。この世には、生物の教科書や宗教の経典で教わるのとは別の、まったく異質な生命があるということに。それは生命であるか生命でないか、よくわからない生命である。なにげない日常の中で、瞬間的に『あっ、いのち！』と思うときに、立ち現れる生命である。芸術作品に力を感じるとき、そこに生まれているいのちである。」（第八章　第三の生命）

美しいと感じるときに生まれているのは、このよくわからないイノチなのである。カタカムナではそれを、すべてのイノチを生かすモノだと伝えている。そして、カタカムナでは、〈あいだ〉は、アヒダともしている。アヒダはよくわからない生命が立ち現れる場である。

カタカムナ古代人はこのアヒダ・マを感知していた。

彼らはこのカタカムナの歌の中で、マという概念を嫌というほど説いている。マは、よくわからない生命であるため、なかなかに捉えにくい。「カとマがわからなければ、（カタカムナは）わからない」と前述の宇野さんは学会誌に書かれている。でも、逆に言えば、「カとマさえわかれば全てわかる」ということになる。

赤い糸で繋がっている人同士は、初めて会った時に、ビビッと来る。電気が走ったように感じることがある。これなど、完全にマに立ち現れたイノチの発生を感じているのである。赤い糸が示す運命の人と向かい合った瞬間に、空間の中に生まれる電気性である。何かとてつもなく大きなマに触れた時は、知らず知らずのうちに涙が溢れる。逆に、鳥肌が立ってゾッとすることもある。これなども全部、マに立ちのぼる電気性を感じているわけだ。よくわからないイノチであり、場である。生物の教科書には絶対に出てこない。宗教の経典でもこんなことを教えられるのは稀だろう。

向かい合うという仕組みが間・アヒダの空間「マ」を生み、その「マ」に立ち現れるイノチが存在する。カタカムナでは、その「マ」はこの世の中のあらゆるモノの元であるとしている。

全ての元は、向かい合うことによって発生する。ただ向かい合うという場があれば、なんの抵抗もなく立ち現れる。であるなら、大事なのは、場があるかないかである。当然、向かい合う場さえあれば、モノゴトは立ち広がっていくのである。

私は古山さんと出会うまで、小難しくカタカムナの探求をしてきたことで、その場を作っていたということになるのだろう。つまり、それがなければ、この出会いは起きなかったはずであるし、それがなければ、出会ったとしても対向発生は起きなかっただろう。

発生するにも、発生するための采配が存在しているということだ。予定とは「予め定められたもの」であるが、定めに従って生きなくてもいい。場がそこになければ、予定はいつまでも予定のままだ。いつも未定である。だが、場ができてしまったら、どんなにごねても、どんなに嫌がっても、何も気づいていなくても、現象は生まれる。起きてもらいたいこと、起こってほしくないことを、人はついつい自分で選んでいるように思っているが、現象していることはすべて、場があるから生まれているのである。

どうやって、発生の場を生み出すか。どうすれば、発生の場が生まれないか。そのスベが、カタカムナ歌の中で、歌われていく。だから、カタカムナは「発生の物理」である。それは、潜象カムと現象カタを統《す》べる、結ぶ方法であり、生きる術にもなるはずである。これまで、表面的なことを追い続けてきた時間が作った場が、回転を増して、次の場を発生させたわけである。こうして、日々、古山カタカムナに向かい合ってきた。

その後、大切なことを全て出し尽くして古山さんは、潜象に還った。

最後のメールは七月十三日、三度、同じ内容のメールが届いた。

「コロナウィルス入院中」

同じ文面が三度連なる。これが、今生での古山さんとの対向発生ラストのヒビキである。


そのうち、しばらく時間が流れて、ある日、夢の中に古山さんが登場した。カムの世界でわかったことを伝えようとしてくれているように思える。

以前から、私は、夢の記述をするために枕元にノートを置いていた。それまでにも、夢の中で、誰かわからない人から、カタカムナを伝えられていた。本当に稀に、とても大切に思えることを伝えられたのに、目覚めて体を起こしたら忘れてしまうことが多く、それならばと、体を起こす前に記述しようとノートとペンを枕元に置いて眠っている。

古山さんが夢に出てきてからは、そのノートに古山語録が足されていくようになった。

大抵、単語であった。例えば、ある日のノートには、こんなコトバが殴り書きされていた。

古事記・書紀　カタカムナ　ホツマ　日付

ウタヒ　ウタ　六十四と十六　しんせいきかがく　ウタヒ　R2

なんのことかよくわからない。

だが、なんとなく、ぼんやりとした輪郭だけ摑める。

そういえば、古山さんは何度も繰り返し言い続けていた。「八十あるカタカムナの歌のうち、カタカムナ古代人がウツシマツッタのは六十四首、後の十六首は、約七千年前の縄文人が差し込んだ」と。多分、「ウタヒ　ウタ　六十四と十六」は、そのことを改めて伝えてくれたのだ。

「わかってますよ。ウタの研究するにも、六十四首と十六首は分けて考えてますから」と、ふと伝える。

「神聖幾何学」というワードは、古山さんに初めて会った時に持っていった中心図象の一つ、カタカムナ図象を立体にした「ヤタノカカミ」モデルを見て、「その通りだ」と言われていたから、そのことだろうか。

「ウタヒ　R2って何だろう?」と思って、思わずパソコンで調べてみる。

「R2－D2ならスター・ウォーズなのになぁ」と思って見ていると、「座標平面の点全体の集まりは集合でありR^2で表す」と位相幾何学の専門ページに飛ぶ。R2ではなくて、R^2だったんだ。けれど、これも難しすぎてわからない。

聞こうにも、古山さんは亡くなっている。聞けないから、自分で調べる。調べることで、さらに深まる。

この後、わかってくるのだが、「神聖幾何学」は読み違えで、「新世紀　科学」ということだった。カタカムナは新世紀の科学である。

そんな書き付けに繋がるワードが、その後一年以上も経ってから届く。

カタの時間の流れ方と、カムの時間の流れ方は違う。

古山さんにとっては、昨日と今日ぐらいの時間差で発したものが、こちら側に受け取る場がなければ、一年という時間が必要になってくることも、このことで学んだ。

また、あるときは、耳元で、確かに古山さんの声で「ジャイロ　ジャイロ　ジャイロ構造になっているんだ」と叫ばれた。

ジャイロ構造とは、円盤が高速で回転運動を行っている間、外部からチカラが加わらない限り回転軸の向きが常に一定不変に保たれ、回転軸にいったん別のチカラが加わると、その加えられたチカラとは直角（垂直）の方向へ回転軸が移動していくことをいう。私の脳は、カタカムナウタヒ　五首・六首のマワリテメクルにヒットした。

ジャイロゴマというコマがあるらしい。別名、地球コマ。つまり、地球はこの運動で回っているようである。マワリテメクルは、地球をはじめ、多くの惑星たちの動きを表し、それがために生命が生まれていることを伝えてくれていたのか。

精巧なジャイロゴマを手に入れ、マワリテメクルの考察に大いに活躍してくれた。

そんなふうに夢の中でレクチャーを受けていると、朝起きて書いたはずの文字の下に、自分で書いた覚えがない文字があることに気づく。

これがまた、かなりシュールだったり、戦慄《せんりつ》するような内容だったりする場合がある。家族に相談したら、「そういうことはやらない方がいい」と言われる。

そんな頃、古山さんに夢の中で「あまりこちら側に寄ると、アシアトがつけられなくなる。まだ、早いよ。あなたがこちらに来るのは。」と告げられた。

「グラウンディングをしなさい。そうすれば、まだ対向発生は続けられる」と言われたのだと、私は理解した。

そのようなやりとりを重ね、そのノートが今や四冊目になる。

つまり、今もなお、対向発生し、カタカムナのイノチが生まれ続けているということになる。これは人は死んでもなお、共振できる場があるということである。

古山さんは、「ミクマリは人の思いだ」と言っていた。確かに、古山さんと夢の中で出会うのは、一日カタカムナに触れて、脳の水がカタカムナにみくまってから、休んだ日に多い。私の脳の水が、カタカムナの形になっているから、それが古山語録を引き出してくるのかもしれない。私の思いが古山さんの思いを引き出しているのか。そんなことを勝手に思ってからは、わからないことがあると、とりあえず、古山さんに聞くのではなく、自分の肉体に聞くことにしている。私の肉体という場が、わからないと訴え、ミクマリ状態になると、決まって朝のノートにはその答えが書いてある。それは時に絵だったりもする。「どうやって私はこの絵を描いたのだろう」と思う時もあるが、それは私が描いた絵ではないのだ。それは、ミクマリに存在するアヒダの命の現れでしかない。

不思議なことは山積みである。

それでも、これが現象なのである。そこに、意味や理由は必要ない。

第一首

カムナでヒビキが生まれる⁉

ヒビキ——現象と潜象のアヒダに生まれる力

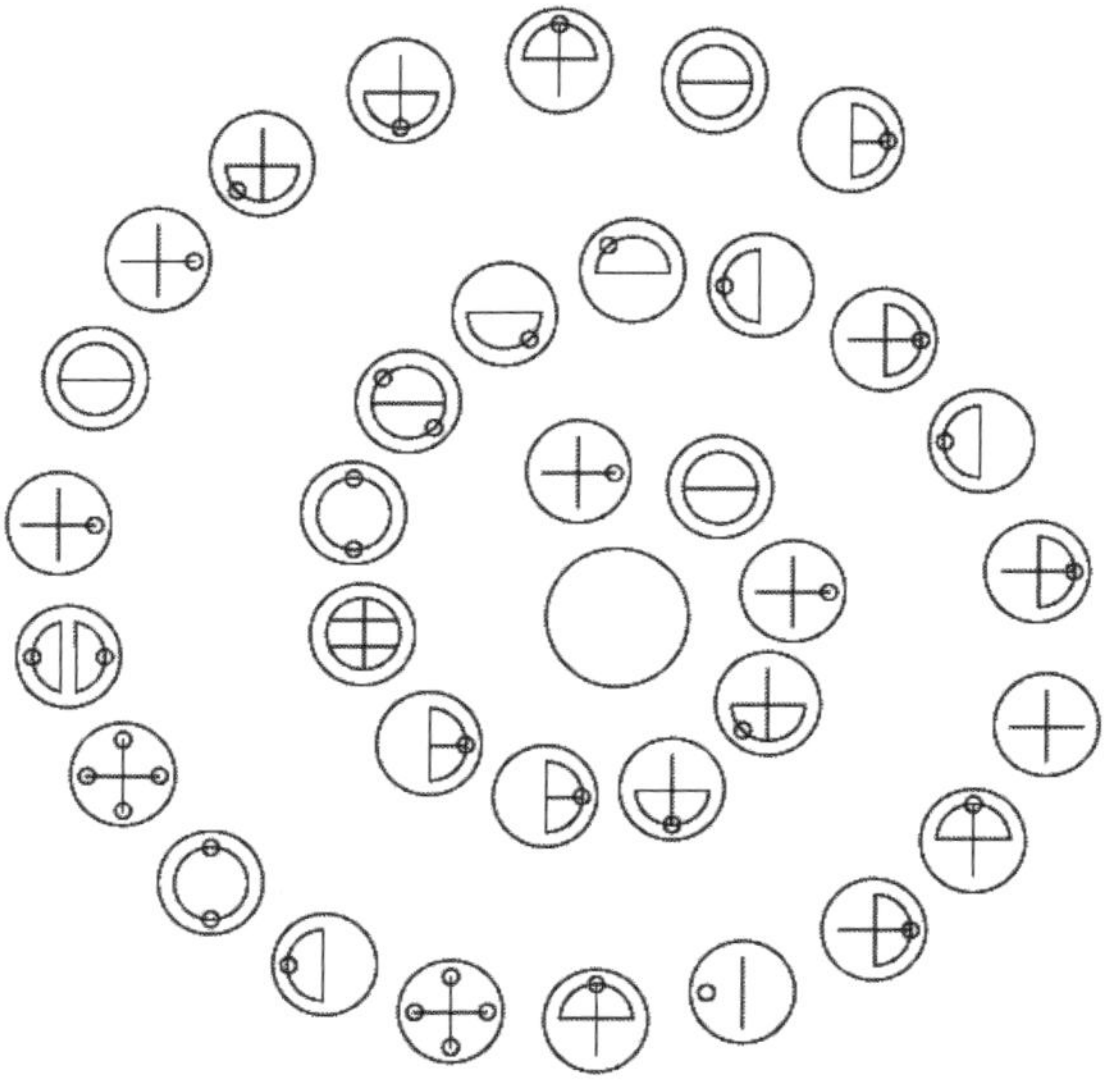

カタカムナ　ヒヒキ
マノスベシ　アシアトウアン
ウツシマツル　カタカムナウタヒ

中心図象
ミクマリ図象

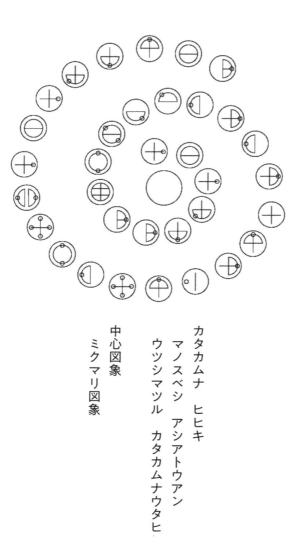

ある朝、起きる寸前にヒビキがあった。

「カタはカムナ、ヒビキ。これである」と。

思わず体を翻し、ノートに記述した。

そして、再び眠ってしまった後、ゆっくりと目が覚めてから、記述したノートを見て、「えっ、これ？　これって何？」と呆然とした。

「カタカムナ　ヒビキ　これである」この一文しか書かれていない。

単語の羅列、日本語を知らない誰かが語る言葉のようだ。

昨日まで三日もかかって、カタカムナ八十首の中に出てくる単語を洗いざらい抜き出して、どの単語がどのウタの中にあって、それは何回出てくるのかを調べ、やっとひと段落ついた次の日の朝の出来事だった。

「これ？　これってなに？」と、二回呟くが、もちろんそれに対しての返事はない。

完全な独り言である。

「カタはカムナ　ヒビキ　これである」

何より、聞きたいのは、「これ」なのに、もう少し詳しく教えてよ、と呟く。朝から文句たらたらな始まり。仕方がないから、昨日まで作っていた一覧表を見る。

ヒヒキというコトバを使っているウタは八十のうち三つある。

第一首
カタカムナ　**ヒヒキ**　マノスヘシ　アシアトウアン　ウツシマツル　カタカムナウタヒ

第四十首
カムナカラ　トヨウケヒメヌ　イカツチ**ヒヒキ**　マノネ　カタカムナ　イハサクネサク
イハツツヲ　マリツラネ　ミカヒハヤヒヌ　タケイカツチ　タケフツノムスヒ

そして、

第六十五首
カムナカラ　アマネキアメノ　ワクトメミチ　トヨカムツミ　アワタマヒメ
ヤスマワケツミ　ワクハヤタニサキ　イカツチ**ヒヒキ**　アマタマノネ

「意外に三つしかないんだなぁ」と思いつつ、三つのウタヒを読み始める。

四十首と六十五首のウタヒはどちらも、イカツチヒヒキである。これは、雷の響きのことを示している。同時に、潜象と現象が繋がりを持った時に出る音のことも示している。

さらっと雷と書いたが、この雷が曲者《くせもの》なのである。カタカムナを知る上で「カミナリ」というコトバが大きなヒビキであることは間違いない。「雷は神鳴り」なのである。

カミのヒビキということだ。

そして、ハジマリの歌である第一首が、「カタカムナとはヒビキである」と言っている。

「はぁーん、カタとカムナがセットされたら、ヒビキが生まれる」っていうことか、と思う。

そもそも、この世界を生み出している元の世界は、「チカラ」だけの世界である。

想像できるだろうか。

昔、ハワイのマウイ島で、ハレアカラの頂上付近にある火星のような風景が広がる場所に連れて行ってもらったことがある。

「ここは、風もなく、動きがない世界です。ここでしか体験できない、音のない世界を堪能してください」と、ツアーコンダクターの人が言っていた。

茶色の岩石に砂がへばりついたクレーターのような場所に降りると、途端に静けさの中に潜り込んだ。今、思う。チカラだけの世界ってあういう世界だろうか、と。

摩擦もなく、真っ直ぐにチカラだけが広がり続けていく世界。そこには何も干渉するものがなく、音もない世界である。想像を逞しくするも、多分、本質とは少しずつ違うのだろう。だって、チカラのサの世界カムとは、現象の裏の裏の世界だというから。今住んでいるこの世界の想像が及ばない、大きくかけ離れた世界なのだと思う。まるで、生まれて初めて食べたドリアンのように。想像を絶する世界が広がっているに違いない。

それを「カ」の世界とカタカムナは呼んでいる。カタカムナの「カ」である。

「カ」を漢字にすると、チカラと読む。

カタカムナ古代人という日本の古代に住んでいた超人のような人たちは、このカだけの世界を感じられたのだと、最初にカタカムナを教えてくれた先生は言っていた。地球を回すチカラであり、宇宙を存在させているチカラでもあるのだ、と教えてもらった。

地球を回したり、宇宙を存在させたりするチカラは私の知っているチカラなのか、わからない。カタカムナを学んだ人とは、「カが足りない」とか、「カによると」とか、「カ」だけで話ができてしまう。「カ」が独立権を持っているが、その「カ」には、私が普段使っている「チカラ」だけではないものが含まれているように思える。

エジプトでは「カー」が体を離れると死が起こるらしい。さらに詳しく言うと、エジプトのカーには二種類あり、Khaのカーは、肉体のことをいい、それに付随するエネルギーの場のことは、Kaと呼ぶらしい。沖縄では、井戸のことを「カー」という。

どちらも生命力をイメージさせる何かがある。

やはり、これらの「カ」にも、チカラという言葉だけでは間に合わないモノがあるような気がする。


古山さんに出会う前、私は、宇野さんに直接学ばれていた相似象学会の方からカタカムナを学んでいた。そこでは、カタカムナを学ぶために、釈迦のヴヤダンマーサンカーラーや、孔子の論語を叩き込まれた。これがわからないと、カタカムナの本質はわからないと言われたのだ。

カタカムナに到達するためには、論語や釈迦、マやカに対する学びなど、様々なハードルがあるように思えてくる。ただ、論語も釈迦の教えもカタカムナから遠く離れているようで、実は密接に繋がっている。学んでいくと、そこにはカタカムナの深さを感じられる世界が存在していることに気が付く。

結果、カタカムナ同様、釈迦の『釈迦仏陀本紀』も、孔子の『論語』も大好きになった。

その先生はこうも言っていた。
「今のカタカムナは一音一義主義になってしまっているけど、カタカムナは一音一義主義じゃないんだよ。思念というものがカタカムナにはあるが、あれを表のようにしてしまっては、カタカムナの世界観から遠く逸脱してしまう」と。
確かに、今の私たちが持っている概念からしたら、言葉の音に言葉の意味を当てはめておいた方が伝えやすく、理解しやすい。しかし、それでは言葉は言葉のままで、コトバに変化しないことも今なら理解できる。一音一義主義じゃない理は、かなり高度で、伝える側と受け取る側に一致した世界観が存在しなければ、伝えていても空振りに終わる。それは、漢字とカタカナぐらい波動が違って、描かれる絵が違ってしまうのである。

言葉の本当を知ることが、カタカムナの向いている方向なのだと思っていたが逆だった。言葉の本当が、さまざまな現象を引き起こすことを表しているのがカタカムナの向いている方向だった。言葉には意識が、カタカムナの記号には、森羅万象の意識が宿っているのだ。

カタカムナの記号は、長い時を経て、日本のカタカナに残されてきた。戦前の子供たちのノートは、カタカナで溢れていた。私の祖母も、カタカナで手紙を書いていた。カタカナに触れると脳が展開を始める。コトバのカタチにある、仕組みを知ろうと脳が勝手に動き出す。それがカタカナのチカラである。

一音一義主義は、言ってみれば左脳を動かしていく。コトバを言葉で定めて、羅列することは、左脳の働きである。一方、カタカムナは両脳を結ぶ働きをする。正確には、両脳を繋いだ上で、未だ立ち現れていない、潜在している部分を生み出していく。右脳・左脳どちらも使いながら、潜んだ場所に隠れていたものを照らし出し、引き出すのだ。子供たちが最初に触れるテキストがカタカナだった戦前は、そういう意味では、両脳を育ててきたと言えるのかもしれない。

チカラは漢字では「力」であり、カタカナでも「カ」だが、「力・チカラ」と「カ」は音のヒビキが違うから、多分、同じではない。カには、今の言葉で説明するには、不可能なモノが存在している。このことから、日本語の根底に、一音一義主義ではないという理が存在しているのは確かだと思われる。一言や二言では説明しきれないものがそこにはある。もっと広大であり、もっと高密度であり、捉えることのできない、とてつもないモノがそこに満ち溢れている。それを、さまざまな場所では、神やグレイトスピリット、創造主と表現しているのではないだろうか。例えば、創造主を「創造する主」とだけ訳すと何か違う感覚がする。言葉に変換すると、現代の感覚に引き込んで捉えてしまうのだ。この何か違う感覚が、言葉にできない「何か」である。カタカムナをそのまま受け取ろうと思ったら、もっと大きな視座、ココロ、想像だにできないどんどん広がりゆくチカラを垣間見られるぐらいの大きな感覚が必要なのだろう。

カという捉えがたいモノが、果てしなく長い時間、広がりいく場所。そこからこちら側に出てくることを、カタという。現象の世界である。そして、そのカを立体化して現象系にしている奥のチカラのことをカムという。現象系もわかりにくい。現象だけど、現象ではない。あの〈アヒダ〉の世界のことである。潜象世界カムには、立体化し現象系へ進もうとするチカラがひしめき合っている。その、カタとカムが同時にセットされるとヒビキが生まれることを、カタカムナ　ヒビキと言っている。

午後の仕事が終わって、ちょっと一息入れるため、YouTubeで音楽を聴こうと思いパソコンを立ち上げた。

その時、画面に出てきたのが、何十ものメトロノームが一つの場で、バラバラに振り子を振っている動画だった。気になって流し続けていたら、そのうち、バラバラに刻んでいたヒビキが一つになっていった。何度も繰り返して見てみる。それと関連性のある動画も見た。なぜ一つになるのか不思議すぎて目が離せない。まるで、メトロノームは生きているように音を揃えた。メトロノームが集団化している。これを「同期現象」ということがわかった。全てのメトロノームは互いに影響しあって同じタイミングで音を刻むようになるという。カタカムナ的に言い換えてみると、メトロノームは同じトコロに位置することで、同じトキが湧いてくるのだ。

メトロノームに意思があるのだろうか。

その時、ふと、頭の中に浮かんだ。

カタカムナはヒビキである。でも、それだけは、「ただそれだけ」ではない。それぞれのヒビキは、同期し合う。なぜ、ヒビキは同期するのだろう。カエルの鳴き声や蛍の光、人間の心臓の拍動など、自然界の多くの場面で同期現象が見られるというではないか。頭の中でいろんなキーワードがくるくると回る。カタカムナの、カムナに何かあるのだろうか。

そうさせているモノの発動を感じる。サイハイバーが働き始める。いや、メトロノームの動画を見たことにすら、サイハイバーが働いていたのだ。カタカムナヒビキとは私の知っている「響きや音」ではないということは確実である。

改めて古山ノートを見てみた。教えていただいたことをまとめたノートである。第一首の部分には、こんなふうに書き込まれていた。

「まさにカがタした、現象になったのが、カムナである」

カがタした、の部分には、足したと漢字まで振ってある。カが足されていくことでカタになる。足される・貯まる・溜まる・足りる、全部、方向的な感覚はプラスである。カが足されてカタになったのだとしたら、私にもカが足されたのだ。あれもこれも、全部、カが足されているのか。

そして、それがカムナだ、とある。ややこしくなってきた。カは足されて出てくる。そのことをカタという。そして、カタはカムナであるとも書かれている。「カタが現象で、カムナは潜象じゃないの⁇」と思った途端に、書いてある内容に目がとまった。

「カがカムナとなり、その時には、現象の中に隠れて存在している」

カムナは、カムの進行形である。カが、カムナになった時には、カタの中に隠れて存在している。これは、つまり、カタという私の中に、カムナが隠れているということである。

あらゆるものの中にカムナが隠れている。カタの中に隠れているカムナ。カタになった瞬間に、カムナが生まれるということなのだろう。そうであれば、このカタの世界にあるモノ全て、一つ残らずカタカムナであるということになる。

この世界のすべてのモノ、宇宙でさえ、カタカムナなのだと思った。この世界はカタカムナでいっぱいで、カタカムナだけしかないのだ。

精神世界・スピリチュアルという世界の中で、いろんな方と出会ってきた。

中には、植物や木と話ができる方もいた。だが、私は、そういう人が少し苦手だった。なぜなら、私にはそういう体験がないからだ。ないから、それが本当なのかどうか確かめようがない。確かめられないということは、私の中では現実ではないから、端的に言えば「本当なの？」と思うしかない。言い換えれば果てしなく疑いを持っていた。さらに言えば、その方の世界と私の世界は違う、と切り離してさえいた。

でも、カタはカムナであるという理に辿り着いたとき、「あっ」と思った。彼らは、カムナ同士で繋がっていたのか。この世界にあるモノが全てカタカムナであるということを認識した時、私の脳は、木とも植物とも話せるに違いない、という意識にスライドした。表面的には木や植物だったとしても、内側にはカムナという同質なものが存在しているとしたら、コミュニケーションは可能なはずである。

「カムナは身を隠している主」と古山さんの本には書かれている。カムナは、主・あるじなのだ。私の中に存在している主、それがカムナなのだ。

そういえば、北海道のアイヌが大事にしている神格の高い神様のことをカムイと言っていた。漢字では、「神威」「神居」である。彼らは神をカムとしている。なんだか似ている、カムナとカムイ。それが、外側にあるのではなくて、自分の内側に身を隠していたとは思ってもみなかった。自分の外ではなく、中にチカラだけの世界と結ばれている主がある。頼もしい限りである。サイハイバーも、そこから漏れ出してきている何かなのだろうか。


古山さんの本にはさらにこうも書かれている。

「カがタしたのがカムナで、ヒビがキ・発生してマができてノスへ・変遷していくアシアトウアン・足跡が現れるのをウツシマツル・映し出すことをウタで示しています」

夢ノートに書かれているコトバより、一層不可解な日本語である。

実はこの意味はどういうことなのかと、まだ肉体のあった頃の古山さんに聞いたことがある。

「カが足されてカムナになることでヒビキが起こるんだよ。ヒビキとは音。この音をカタカムナ人は聞いていたはずだ。大円というミクマリに横に一本線を入れてやれば、カタカムナの記号「タ」になるじゃない。（⊖タ）この横線がヒビなんだよ。横線がミクマリに入ってバシッとヒビが入ること、つまり、アウトブレイクしだすとマが生まれてくる。ヒビキっていうのは、このことを言っている。だから、ここにはマのできる方法が示されているってことになる。たったこれだけのコトバで、マの作り方を伝えているんだから、カタカムナ人ってのは相当な人間だったはずだよ。我々は、その子孫だから、もっと理解を深めていかないと彼らもがっくりするよ」

早口である。江戸っ子だ。

「カが足されてカムナになることで、ヒビキは生まれる。アウトブレイクが起こったことになる。ヒビキは起こしているわけじゃなくて、自然に起きてくるんだ。そういう理解があなたの中に足されるとアウトブレイクが始まるよ。あなたに何かが足されることで、あなたの中にある固定されたモノがアウトブレイクしていく。現実世界においてカが足されるとはそういうことだ。それで生まれたマで、その後もアウトブレイクが続けて起これば、世界は変わるんだよ。それが、ヒビキと同期しているということなんだよ」

そんなふうに会話していたことが、iPhoneのボイスレコーダーに残されている。わかったようなふりして、私はうなずいている。残された時間が少ないことを、当時の自分に教えてやりたくなった。

この音声を改めて聞いてみて、「アウトブレイク」って、何だろうと疑問に思えてきた。この時、なんとなく意味は取れてたような気がするけど、よくよく考えてみると一体、なんのことだろう。

アウトブレイク。集団発生。

なるほど、ヒビキは確かに集団発生である。カタカムナではそれを、濁音で示している。ヒビに濁音がついているのは、楢崎さんがつけたもので、カタカムナの時代に濁音は存在しない。濁音は何を表しているかというと、「めちゃくちゃたくさん」を伝えている点々である。ヒというものが抽《ひ》き出してきたものが、めちゃくちゃたくさんであることをヒビキというのだ。

ちなみに「ヒ」とは、始まりを彷彿させる。朝日は一日の始まりであり、夕日も一日の終わりの始まりである。ヒビキとは、始まりのヒが抽き出しているモノを表している。

アウトブレイク、アウトブレイクという言葉が繰り返されて、なんとなく私もブレイクしようかと席を立ち、コーヒーを淹《い》れ始めた。コーヒーを淹れながら、ふと、ヒビキという言葉を思い出した。コーヒーを抽出するとは、抽き出す、つまりヒビキということか。透黒い色の液体を見て、ここに、コーヒーの成分が「ヒビキ」しているのかと納得した。

明のお湯が、黒い液体になって濃《こ》されていく。お湯が黒くなっていくのは、コーヒー豆から抽き出されたコーヒー成分が色濃く染み出していくからである。豆から解放されためちゃくちゃたくさんの黒色の成分が水の中に抽き出されたコーヒー水には、私の知らない世界がたくさんひしめいている。

そう思って、飲むコーヒーは味が違う。

コーヒーの中に眠っていたコーヒーのルーツが、ここに黒々と存在している。コーヒーの育った土壌、コーヒーの木の間に吹き抜ける風、響き渡る鳥の声。さんざめく太陽の光、そして、コーヒー豆を摘んでいる人の手、コーヒー豆を袋詰めしている人の顔、コーヒー豆が積まれてくる船の音、コーヒー豆の袋を開けた人の顔。コーヒー豆を焙煎した人の振動、焙煎した場所の波動。そういうものが相まっている。そしてここで豆を挽き、ここで私がコーヒーを淹れる。重なり合ったトキトコロのヒビキを抽出したのである。あぁ、豆を挽く、これもヒクだ。響くヒビキ、果てしなく広がる響き。

「全部ここにある。コーヒーが誕生してからここに来るまでの時間も空間もすべてココにあった」そんなコーヒーストーリーが展開されていく。

そうなると、全てにありがたいという思いが生まれ、コーヒーに感動が加味される。そういうトキは、ただただ美味しいというココロが発生して、何かをしながら、ついでにコーヒーをいただくという気持ちにはならない。

気がついたら、コーヒーを飲むのに集中している自分がいた。

結局、カムナでヒビキが生まれるのだから、カムナの有り様が鍵になるのである。カムナを意識的に楽しませよう、とか、喜ばせよう、と思っても、それは作り上げているイメージだから続かない。でも、この時、実際に私の中のカムナと、コーヒーカムナが向かい合い、結ばれたことで、マが生まれたのである。アウトブレイクしたマが加味されたのだ。

加味・カミ働きである。

日本語は本当に深くて単純である。

チカラだけが存在している世界から、現象に出てくると、現象の中に潜り込んだ部分にカムナという名前がつく。

水の中にある、向こうとこちらを繋いでいるのもカムナというのだろう。夢という産物も間違いなく、カムナである。夢のコトバはカムナの発動なのだ。見えない世界からの思いを私のミクマリで受け取っている。

受け取り、繋がる場をカムナと言っている。全ての現象の中に、カムナは存在する。そして、カムナにヒビが入ってマができる。しかも、ヒビが発生することを「ヒビキ」というのだ。本当に、言葉遊びである。

響き・ヒビキというと美しさを感じるが、ヒビが発生するというと、何やら耳をつんざくような気がして、いい心地がしない。そう言えば、アウトブレイクという集団発生のことをヒビがキすると言うのだと言っていた。集団発生、耳をつんざく音なのかもしれない。

なるほど。

アウトブレイクしたマはノスべする――足跡が生まれた時が変化の時

マとは、間である。カタカムナにおいて受け取るのに最も苦労するモノ。でも、これがわかったらカタカムナの半分はわかったと思えるマ。それは、曖昧で捉えようがないからわかりにくいとしていた。なぜ、捉えようがないかというと、マはすぐに変化してしまうからである。摑もうと思っても摑めないし、はっきりと「これ」ということができないモノだからである。

例えていうと、大きな川の側に立って、川の水をすくい上げたとしても、それは、川をすくい上げたことにはならない。また、川の一部である水をすくい上げたとしても、今、目の前に流れている水は、手の中にすくいとった水ではない。目の前の川を表現しようとしたら、何度も何度もその水をすくい上げ、何度も何度も分析し、何度も繰り返し取り上げた「川の一部」というモノを足され尽くした時に、ようやく川全体をすくい上げたことになる。しかしそれさえも、はっきりしたものではなくて、統計的に捉えた川の全体にすぎない。マとは、この全体性が持つ全体像なわけで、結果、捉えようがないのである。

でも、マと言えば、わかりにくい川全体のことを確実に示し、わかりにくいまま確実に現象側に存在している。カムの世界のものではない。カタカムナにおいてそれは、「現象物の材料」とされている。つまり、現象物の元で、見えないと見えるの間に存在しているモノのことを言う。

〈アヒダ〉のものは次々に変化・変遷していく。マ・間　時間・空間・人間。実はこれら全部、間である。これらもすぐに変化してしまう。マ・魔　悪魔　逢魔時　魔物　魔界。これらにも、間・アヒダのような感覚がある。真・目・眞・先・曲・巻・麻・増。多分これらの漢字で表されようとしているモノは全て「マ」を伝えている。

ヒビが生まれた時にマができる。マができる時には必ず響きがある。それらはいつも集団で発生するから、このヒビキは絶対に受け取ることができる。そんなことをぼんやりと思っていた。そして、肉体を持っていた古山さんに語った。

「カは捉えられないにしても、マができるときにはアウトブレイクするから、アウトブレイクの響きを聞こうとすれば、私たちにも聞こえてくるのですよね」と。

そうしたら、答えはこうだった。

「ヒビキを聴くことに終始する思考から、変化していくことを捉える方向に変えてみることだな。この世の中には止まっているものなど何もない。変化しているというのが本質だから。ヒビキはアウトブレイクしたことを告げるもので、さらにそれらはすぐに変化してしまうわけだよ。ヒビキを聴こうとすることは、前へ前へと進み続ける『カ』の後追いをしていることになる。マがノスべするというのは、どんどん、変化変遷していくという意味だ。変化変遷するモノと同期するためには、ヒビキを聴いていたら遅れてしまうよ。ノスべ・ノスべを思いながら、足跡が生まれるのを待つ。足跡が生まれた時が、真に変化の時だ」

「足跡が生まれた時が変化の時」。また、私の心に響く言葉の発生である。

アシアトウアン。彼も、アウトブレイクを繰り返しながら、ノスべ　ノスべし続けてきたのだろう。ノスべとは、簡単にいえば変遷していくことを言う。それは、ヒビキによって統合と分解を繰り返すことである。そしてまた、統合と分解の時に起きるヒビキによって、また次へと変遷していくのだ。つまり、変化変遷することと、統合と分解を繰り返すのは同じである。

統合と分解を起こすから物事は変わっていくのである。ここでまた、私の脳みそがフリーズする。なんか順番が整理できていない。

ヒビキとは、ヒビが入ることである。ミクマリの大円にヒビが入ってカムナは潜む。カタカムナが生まれる。それは、アウトブレイクという集団発生を意味する。アウトブレイクが続くと、そこにマが生まれる。間・アヒダのイノチの場の発生である。

間のイノチの場が生まれると、次から次へと発生が始まり、次第にそれらは統合と分解を繰り返し始める。ノスベノスベである。

古山さんは、このノスベノスベして変遷する全体像を把握しろ、と言う。そうすれば、カタカムナの大きな動きを捉えることができるのだ、と。

私たちの中にあるカムナは定まったモノではなく、次々とヒビキを起こし、受け取りながら流れ続けていく川のようである。小さな流れは大きな流れになっていく。小さな雨・アメ（雨粒）が、次第に集団で足されて足されて川の源流を生む。川は点から始まる。それが、大きな流れになった時、現象は川という足跡として出てくるのだ。

だから、楢崎さんや宇野さんが足跡をつけてくれたというあの言葉は、とても小さな部分から、こうして誰もが読めるような形で現象化した、つまり足跡をつけてくれたという意味も含まれているのである。

「足跡が生まれた時が変化の時である」

古山さんが言ったこの言葉は、私の中で指針となった。

これは、場ができることである。小さなことをコツコツと、にもよく似ているが、自分が好きなことであれば、コツコツという音は、未来に繋がる音のように聞こえる。あるいは、コツコツと地面を踏む足音にも変換される。足音というヒビキが足跡に変化する。足跡・アシアト・ウアンである。

「カタカムナ　ヒヒキ　マノスベシ　アシアトウアン」のコトバが私の中で大きく変化していく。アシアトウアンが統領である、という説明より、深く自分の中に入り込んでくる。「カタカムナ」として生まれてくるヒビキはどんどん遷り変わっていく。遷り変わりが足されていくことで、現象界に立ち現れ、出たものは次々と変遷していく。遷り変わりの軌跡は、いつか見える形で足跡としてこの世に出てくる、と。積まれた足跡は残っているのだ。全ての中にヒビキとして。
カタカムナは、カタという現象の中に存在するカムを捉えよ、というコトバでもある。現象の中に残されているカムナという足跡《ヒビキ》を見出せたら、今の中に過去も未来も受け取れるはずである。過去の足跡《ヒビキ》は今に残り、未来の足跡《ヒビキ》は、今がつくっているのだから。

変化、変化と言っているが、カタカムナでは「変遷」という言葉を使う。変遷とは前のものを持って遷り変わることを指し、変化とはアウトブレイクしたものが足され続けて突然変異を起こすことを指す。変遷と変化を、きっちりと使い分けている。細かいのだ。些細なことも見逃したくないという思考が働くが、それではいけないといつも古山さんに窘《たしな》められていた。ヒビキという些細な方に目が行くと、変化という大きな方を見逃してしまうからである。つまり、「カタカムナ　ヒヒキ」は変遷という些細な行いであり、「マノスベシ」というマの発生は変化という行いなのだ。

コーヒー豆のカムナが携えているものを、お湯が媒介となって抽き出してくる。これは、ヒヒキであり変遷だ。ヒというものが抽き出してくる小さな刺激の繋がりである。そして、黒い液体のコーヒーが発生する。

とてもたくさんのヒビキが集団で発生したら、マというコーヒーとなり、今度はコーヒーを飲んだ私の体の中で、コーヒーというマと、肉体というマが向かい合うことで起こっていくプロセスがある。ヒビキという変遷が生み出した抽出液が、体内に入ることで、マノスベシとなって変化を起こす。繰り返し同じようなモノが何度も体内に入ることで、足跡が浮かんでくる。

それは健康というカタチかもしれない。または、病というカタチなのかもしれない。細かなヒビキ、つまり、コーヒーを飲み続けることで、足跡という胃痛が生まれる可能性もある。ヘビーコーヒードリンカーの私は、コーヒーを飲みすぎないうちに、足跡が生まれる手前でやめておけと言われているのかと思った。

とても小さなヒビキの中には、とても大きなモノが織り込まれている。些細なことを見逃していたら、大きなモノは捉えられない。でも、些細なことに終始したら、大きなモノは見えてこない。これが、まさにカタカムナの醍醐味であり、軸の部分なのだろう。大きなモノを感じつつ、小さなモノを捉えながら、小さなモノを俯瞰して、大きなモノを受け取るという、曖昧でわかりにくい術が軸なのである。どちらかに傾いたらいけないのではなく、どちらかに傾くことで、もう一つの何かが発動する。

前述の「頑張ってヒビキを感じられるようになる」と言った私の傾きに、「全ては遷り変わっているから、ヒビキに終始する思考から変化する方向に切り替えなさい」というあの古山さんの言葉は、私の中にもう一つの何かを発動させたのである。つまり、私の中の傾きを平衡にするために起きたということになる。

ウッシマツルはプロジェクト

コーヒーを飲み終えても、古山ノートに釘付けだった。忘れていた何かを思い出している感じがして、そこには流れてしまった時間はなかった。ノートにはこう綴られていた。

「足跡が生まれた時↓変化のとき」
「ウッシマツルはプロジェクトである」

集団発生したアウトブレイクは、集団でさらなるプロジェクトを立ち上げていく。そして、アウトブレイクして発生したマは、変化すると渦の示しとなる。カタカムナでは同期発生したヒビキが大量に生まれてくると、渦の示しになる。渦の示しとは、他を巻き込んでいくのである。

メトロノームの同期性だ。多くのメトロノームがマとまり、マを作り上げたのだ。まさにプロジェクトである。

ウツシマツル・渦の示しが、マをツり上げる。カタの世界にも、カムの世界にも同じように渦巻きが生まれているイメージが浮かんでくる。自分がその波動に同期すれば、カタカムナの理とも同期したことになるのだ。

プロジェクトを改めて辞書で調べてみた。「企画　研究計画　開発事業」とある。これをそのままの意味で古山さんが語っているわけはない。

カタカムナがセットされると、ヒビキが生まれる。そのヒビキにどんどん足されていって、足跡が立ち現れる。変化の時である。それは「マ」を変化させ、渦の示しとなり周りに影響を与える。そしてマはマワリを同期させ共につり上げていく。これはヒビキの増幅であり現象化である。

例えば、小さな雨粒が水溜りを作る。水溜りにどんどん雨が足されて、ヒビキが増えていく。ヒビキが増えるのは、今なお、雨が降り続けているからである。ヒビキが増え続ける水溜りはそのうち、ちょろちょろと小さな流れを作り始める。マの発生である。水溜りでもない、川でもない、そのどちらとも言えない水溜りと川の〈アヒダ〉の部分が生まれるのだ。その〈アヒダ〉の川でも水溜りでもないあやふやなものが、雨つまりヒビキにより変遷する。そして、川でも水溜りでもないあやふやなものが、いずれ、れっきとした「川」になる。足跡の誕生だ。その瞬間が変化の時である。

このまま、雨が降り続けば、川は流れ続け、その川は渦の示しとなり、間をつり上げていく。簡単にいえば、今度は、その川から水分が蒸発して、間・アヒダのモノに遷り変わっていくのである。その結果、蒸発し生まれた雲や水分が多くなった空気は、生まれた川以外の場所で、また雨を作り、そこで最初に起きたことと同じようなハジマリを産み上げ、同じようなことを繰り返し起こし続けていく。これは、壮大なプロジェクトである。

ウツシマツル・渦の示しはマをつる。これをもっと簡単に言い換えるとしたら、マは変遷と変化を繰り返し、渦の示しでマを作り上げていく。小さなヒビキという雨は、少しずつ少しずつまとまり、集団行動を起こしている。それは、れっきとした流れへと変化するのだ。

ふと、また「メトロノーム」のことを思い出した。

メトロノームのヒビキが生んだマは、渦となりバラバラのヒビキと同期しだしたのだ。それを起こしたのは、集団でアウトブレイクした一つ一つのメトロノームのヒビキだったことは、いうまでもない。同期する場があれば、向こうとこちらの往来も自由なのかもしれない。カタカムナのヒビキがマとまりマをつくることで潜象と現象は現実的に繋がる。

この後に出てくる歌の中で謳われているが、肉体であるカタと、肉体の中に存在するカムナはタマになっている。生まれ出たものは、必ず生まれる前の世界に還る。肉体の中に潜んでいるカムナは、魂・タマシヒのタマではないだろうか、と思う。ミクマリにヒビが入ってタして出てきた。そのタマがいつしか潜象カムの世界へと還ることがイメージできる。

あらゆるものは、足されたマとなって生まれ、そして、タマはシ・示しという見えないカタチとなって、またさらにヒという始まりとして出てくる。大きな循環を作り上げている。

考えれば考えるほど、これは壮大なプロジェクトである。こんなふうにして、この世界とあの世界は遷り変わり続けている。「コロナウィルス入院中」という三回のメールが届く前に、古山さんと話していたことは、このプロジェクトのことだったのだ。

そして、そのまま静かに、古山さんはカムの世界に還っていった。カムに還ったからこそ、始まった古山さんとのコラボレーション。前述したノートでの対向発生が極まってきたのである。


〈フルヤマ解説〉


カがタしたのがカムナでヒビがキ・発生してマができてノスヘ・変遷していく。

アシアトウアン・足跡が現れるのをウツシマツル・映し出すことをウタで示しています。

ウタの作者は人間が現象物を認識しこれはどのようにして存在しているのか。

ウタで説明しますと宣言している。潜象界にあるカが現象界に現れるとカムナ（身を隠している主）となり、現象界はカにヒビが入ってできたノスベ・変遷するマですと説明している。

第二首

ヤタノカ カミ
カタカムナ カミ!
現象世界と潜象世界の繋がり方

ヤタノカ・カタカムナ・対向発生

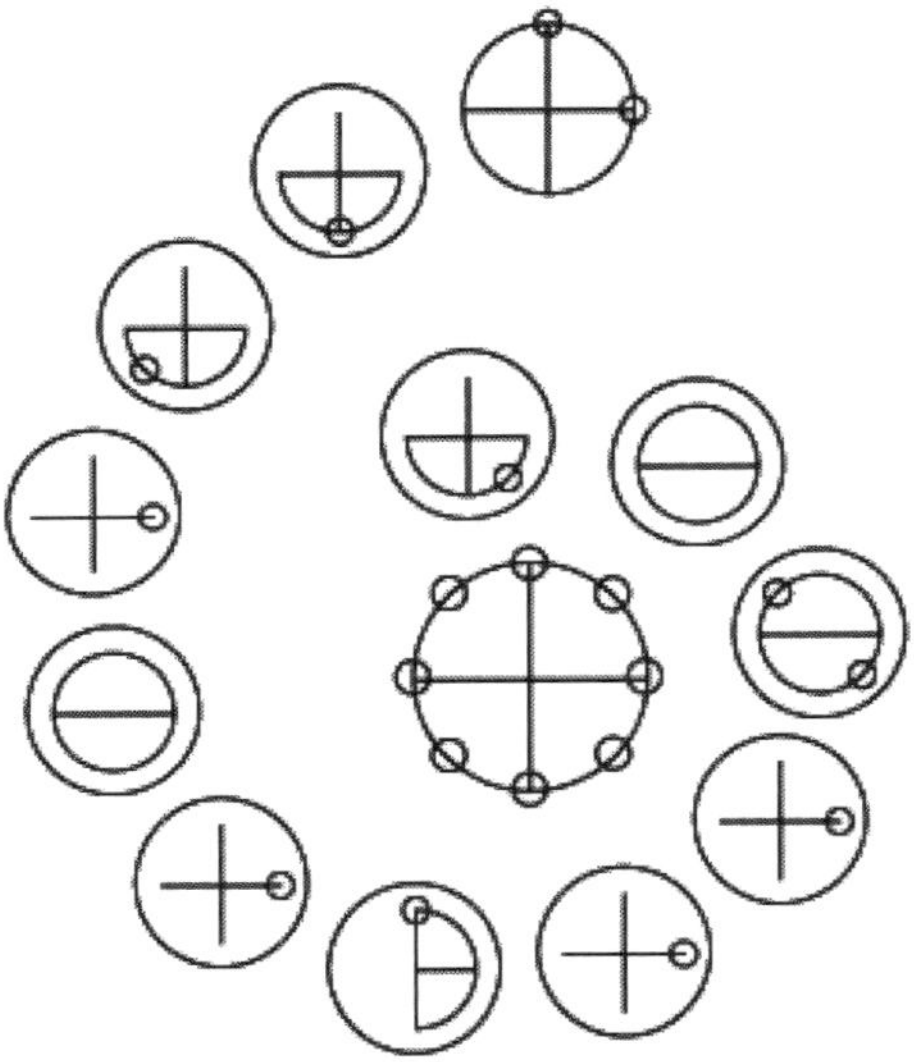

ヤタノカ　カミ　カタカムナ　カミ

中心図象
カタカムナ図象

かなり閉鎖的な時間を過ごし、相似象学会誌というカタカムナの元になる本を舐め回すように読んでいた頃である。頭が沸々とカタカムナに染まるトキ、夢の中でもカタカムナしていることがよくあった。

夢に図象が出てくる。

夢の中でカタカムナの講義をしていて、ホワイトボードにカタカムナの図象を描いたり、カタカムナの世界をいろんな色のペンを使って展開させている。自分が講座をしているのを、今の自分が聞いている。今の自分が知らないことを話している。その姿を見ながら、今の自分は必死になって、その内容を覚えておかなければと頑張っている。自分の話を自分で聞いているって、なんだかおかしすぎる。

目覚めた時、その端くれだけはかすかに握っているけど、体を起こした途端に、握っていた大事なことがさーっと逃げていってしまった。それでも、目覚めた直後は、大抵コトバだけが宙ぶらりんしていて、「なんだったっけ。どうしても思い出したい。今まで私が知っていたのとは違うコトバの意味だったような気がする」とかなり布団の中で粘るが、結局、何一つ大事なことは思い出せない。

とても大事な話を聞いたことだけは覚えている。夢の中では、もっと他にも色々と伝えられて、完全に理解していた私がいたのに。

こんなことがよく起きた。夢探求の始まりである。

夢は体を起こしたら流れてしまう、と、まず短絡的に捉えた。それで、私は枕元にノートと鉛筆を置くようになったのである。これは、私の人生に大きな足跡をつけることとなった。意識がない状態で書いている文言は、本当にびっくりするような内容のモノばかりだった。それらはカタカムナのマ・間で受け取っている文言だと思うようになった。ただ、なかなかそれが多くの方々に繋がらないし、現実味を帯びないのだった。直接的にカタカムナのことを伝えてくれている時には、カムナが何を言いたいのか、何を成したいのか、何を考えているのかがなんとなくわかるが、ノートを見ると全く意味がわからないこともよくあった。

例えば、ある日のノートにはこんなふうに記述されている。

「ナタラ　オータン　ナマエ　きごう　ユークリットきかがく　おちていく上　いせきの中」

起きて書き付けを見て、「なんだ、これ」と思う有り様である。古山さんに負けないぐらいの筆跡だから、読み取るのに時間がかかる。

「ナタラ」を調べてみる。ナタラには「生まれる」や「生誕」という意味があるらしい。

日本では、西暦一五〇〇年頃、クリスマスのことをナタラと呼んでいたらしい。「オータン」は、フランスの地名のようだ。「ユークリッドきかがく」を事典で調べてみると、「ユークリッド幾何学」という幾何学が本当にあることにまず驚かされた。でも、そこに書かれていることを読もうとするが、難しすぎて頭の中に入ってこない。「おちていく上いせきの中」とは、一体、どういうことなんだろう。さっぱり意味がわからない。でも、こんなことを繰り返しているうちに、そのうち足跡が浮かんでくるものである。

「さらに知る。わかる。それ・カムナのこと　アマナのこと　そして自分のこと　保つ・飛ぶ・返す　宇宙から奪ったモノを返す」

このような記述があったのはそれから間もなくのことである。

「えっ。私、宇宙から奪ったモノがあるのか？」と驚いた。もうここまできたら、なるがまま、なされるがままになってやろうと流されることにした。

そこで初めて「あなたは誰か？」と眠る前にノートに書いてみた。

結び合うのが怖くて、こちらから発するのをやめていたのだが、聞きたい好奇心が恐怖心に勝った。返事があるかどうかもわからない。半分、遊びである。

次の朝、ノートを見ると「ヤタノカカミ　カタカムナカミ」という返事が書いてあった。あまりの荒唐無稽さ、単純すぎる展開に「これ、私の思考の中の世界だろう」と思い、もう一度聞いた。いや、書いておいた。

「ちゃんと答えて、あなたは誰ですか？」と。

すると、次の日の朝、ノートにこう書かれていた。

「一つ前のところで降りたのだ。あの時、念の為　〇〇をして、カタカムナのシュリホウを放った。なのに、なんだろう、この点在の仕方は」

こんな返事をもらってとても困った。シュリホウって一体なんのことだろう。しかもそこだけカタカナなのが謎だった。

さらにこんな言葉も書かれていた。

「お前は扉の向こうの椅子に座った女の子だ。二つのタマを持っているが、一つは飛行機の中である。つがいが一つ前で降りたのである。だから、何もわからないのだ」

改めて付言しておくが、私にはこれを書いた覚えがない。

「文字にした時に声は死ぬ。声を殺すな」

友人に話すと、「ちょっと怖い」という言葉が返ってきた。普通の反応である。確かに私も怖い。今も原稿を書いている。つまり文字にしている。これは声を殺しているということなのか。本当に、ヤタノカカミ　カタカムナカミなのかもしれないと、浅はかにその時は思った。

鏡の発生

私はこの日から、毎朝祈る時も、神社に行って手を合わせる時も、森の中で木に触れたり岩に触れたりする時も、朝日が昇ったり夕陽が落ちたりする時も「ヤタノカ　カミ　カタカムナ　カミ」と呟くようになった。あのメモを信用したわけではない。疑っていたからこそ呟き続けたのである。それが癖になって、そのうち自然に口からついて出るようになってしまった。まんまと罠にハマったのかもしれないと思ったこともあった。だが、呪文のように唱えていたら、ある時、私の中のカムナが、アウトブレイクするのを感じ始めたのである。

　自分の中のカムナで、ヒビキが生まれ、それが私の身体に影響を及ぼしている。何かが湧き出していることで、何かが潜んでいく。まるでカタカムナという私の体の中にあるカムナに、見えない音というヒビキが送られることで、チカラを引き出し、呼び起こしているようなイメージだ。ヒビキはチカラという力を呼び出す呼び水ではないかと思えてきた。

　第二首で謳われている一連の流れが、この二つの方向性でなされている。確かに、ヤタノカ　カミ　カタカムナ　カミは自分の中にある。

　第二首の中心に配置されている図象はカタカムナ図象という。第一首の中心に置かれているミクマリ図象という大円だけだったものに十字が生まれ、そして周囲には小さなミクマリが八個浮き出ている。この世の中に変遷しないものは何もないことを物語っているのが、この十字だ。

　十字は、風車のように回転している。クルクル回りながら、縦線が横線に、横線が縦線に変遷していくのである。そして、回転することで、ミクマリは分化される。まるで、洗濯機の中で分離されて

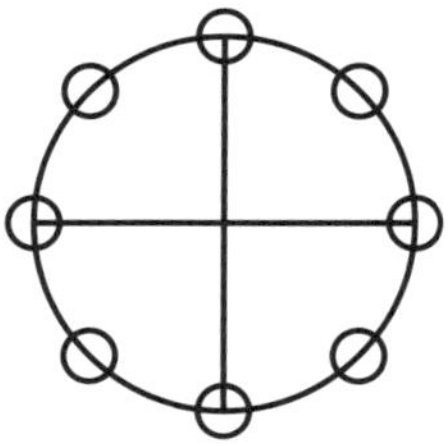

いく汚れのようである。
急速に回転させることで、衣服と一体になっていた汚れは衣服から外れていくように思うが、分離した小ミクマリは大ミクマリに繋がれている。
移動したミクマリは繋がり続けているから、マツリあげれば、また元のミクマリに戻るわけである。そして、またそこから新しいモノが発生していく。分解して、重なり合って、また分解して、重なり合っての繰り返しなのだ。

よくよく見ていると、この大きな大円が、大好きなトトロに、小さな小円は小トトロに見えてきた。相似的になっている。きっとカタカムナ相似象の意味はこの辺りにある。小さな小円も、よくよく見ると、一つ一つがカタカムナ図象に見えてくる。八個のカタカムナ図象を繋いでいるようである。そして、カタカムナ図象の外側に大きな大円があるのだ。見ているカタカムナ図象はもっと大きなカタカムナ図象に繋がれている8個の小円の1個にすぎない。

ふと、八個の意味を思った。大トトロに見える大円を、八個の小円が貫通している。トトロは八匹くらいの小トトロを引き連れるぐらいがちょうどいいのか、とぼんやり考える。

八匹ってなんだろうなぁと思った瞬間に、「あ、だからヤタノカカミなのか」と脳が引き攣《っ》った。

イメージが動き出した。

この小円、八匹は循環を表している。となると、鏡はヤの位置にある。ヒフミヨイムナヤまで行き着くとクルリと反転する。その位置に、向こう側とこちら側を繋ぐ鏡が立っていて、カタとカムは合わせ鏡のようにして繋がっているのだ。

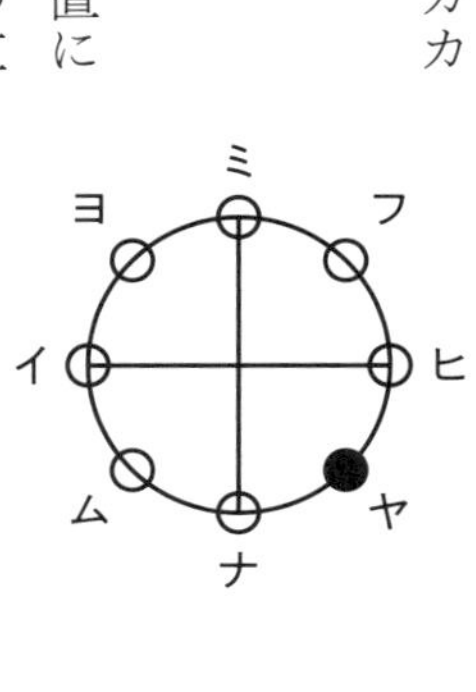

カタカムナ図象に付されているヤの小円の位置に小さな鏡を立ててみた。鏡の中に写された大円と紙の上に描かれた大円がヤの位置で写しあっている。紙の上の鏡が九十度の角度で立ち上がった時、綺麗な二つのカタカムナ図象が繋がる。カタカムナ図象に「ヤタノカカミ」の別名があるのにもうなずけた。まさに、この形がヤタノカカミである。

脳が引き攣ったからなのか、その日の夜の夢は格別で、ヤタノカカミの講義を受ける夢だった。

ノートに残した言葉は、キーワードや断片を繋ぎ合わせたもので、もしかしたら大切なことが抜け落ちているかもしれない。だが、ヤタノカカミについて、伝えたいことがあるからこそ残った文言だった。私は、自分が間違いなく、何者か、カタカムナに関係する者と繋がっていることを確信した。

ヤタノカカミの本質は、「循環するには順番がある」ということだ。

一つ目の小円、二つ目の小円、三つ目の小円、それぞれに、仕組みと動きがあって、順番がある。動きは、働きということである。つまり、現象化や潜象化は一足飛びに進むことはないのだ。

起きる事柄には、順番があり、それが型となり、次の現象をつくる。この型がわかれば、事象の仕組みを脳が認識し、それ以外のことにも利用することができるようになる。

一方、フの理由はヒの中にある。ミが成せるのはフが存在するからである。

前は後ろを定め、後ろは前があるから後ろになる。それを理由とか使命という。順番とは理由であり、使命である。だから、人間は理由や使命を求めたがる、また、持ちたがるのだ。深層心理では型を知りたいと願う。型が心理であり、真理でもあるからだ。ただ、そちらの世界では、仕組みを知るための順番（理由）が、型としてではなく、その人間を納得させる材料になっている場合も多い。とても、もったいないことをしているのだ。

　納得して進むことができれば、それは真実の理由になるが、そうではなく、自分を納得させて自己暗示にかけている場合も多い。「これが起きたのはこのため。必要があって起きたこと。だから、これでいいのだ」と結論づけてしまえば、それで終わってしまう。

　流れで受け取らず点で受け取ったり、点と点を繋げることなく納得・必要・完成で終わってしまったら、せっかく次へと向かう仕組みを型として伝えられているのに、次の現象を生まない。それは、ヒフミヨイ・ヒフミヨ・ヒフミ・ヒフヒフヒフ・ヒヒヒと、まるで壊れたステレオである。

　型にするためには、問題と感じる問題を、タイトルにするのだ。問いかけて点と点を繋いでいく。同じようなタイトルを自分の過去の中からヒビキだし、そして、今の自分を悩ませているタイトルと向かい合わせる。そのあとは、次に何が発生するのか待てばいいだけなのである。

　人はみんな、そこから明確な何かをすぐに形にして引っ張り出そうとするが、カタ・カムナが伝えているのはそうではない。ただ、向かい合わせておけば、必ず、その次には真新しい現象が起きてくる。向かい合う力は、未来を発生させる元となり、これまでの人生にはなかったようなことを型出ししてくる。それが現象の起こり方である。その時に初めて、それが起きる必要があった、とわかるのである。理由の発生である。

理由の発生には、一つだけとても大事な約束がある。「今の自分の思考のチカラを注がない」ということだ。今の自分の思考で向かい合わせているモノにチカラを与えると、今の場でしか発酵しない。発酵は発光であり、光・ヒビキの発生に繋がる。今の自分の思考でチカラを注いでも、今の自分がマワっている軌道上でしか発光しない。

また、問題にタイトルをつけるのは、その問題を俯瞰できているということを示している。俯瞰は、今の自分がもつ思考を与えないことに繋がり、今の中に、過去と未来が入り込む余地を作る。俯瞰した今の中で、過去は未来と向き合い、同じ軌道上で導き出していた未来は、この時、大きく方向を変えて、真新しい今を紡いでいく。そして、今の自分の思考から切り離されたトキ、あなたの今ではなく本当の「今」が、過去と未来に大きく作用しだすのだ。

あなたの周りを大きく取り巻いているモノ。

それは環境だけではなく、誰かに言われた言葉、読んだ本、食べたモノ、見たモノ、聞いたモノ、さらには、自分のエゴでさえも、環境の一つとなり得る。本当の「今」は、それらの環境に大きく作用され、変化していく。その時、相乗効果として、今までにはない発想が立ち現れる時がある。その時にはすでに問題は問題として存在しておらず、もしかしたら、それに気づくことさえなくなってしまっているかもしれない。これまでの「今」で繋がってきた未来ではなく、想像にはない真新しい未来へと繋がる生み出しが起こるのだ。

全ての時はこの瞬間の中にある。過去も未来も今の中にあるというのはこのことだ。「取り巻いているモノのチカラを信じなさい。地球はそんな『場』なのである」という言葉が響く。

このことを伝えたのは「ヤタノカ　カミ　カタカムナ　カミ」なのかと思っていた。でも、それは、よく見ると自分だった。夢の中で自分がホワイトボードを背に講義しており、目覚めた後、すごくぼんやりしながら最初にノートに書いたことがこれらの言葉だったのだ。

そして、ヤの位置で鏡写しにした夜に、この講義内容が届いたことで明白になった。ヤタノカ　カミの「ヤタノカ」とは、鏡に映ってカムから出てくるチカラであり、タされるのは、ヤの位置で、ということがわかった。それは、八つ目の小円の位置である。つまり八つ目の小円の仕組みによって、ヤタノカというチカラがこちら側に出てくるということなのだ。

子供の頃から、焦りの人生を歩いてきた。

一足飛びでは行けない世界がこの世界なのだ。一つ一つ順番があって、焦らずにゆっくり行けば、必ず循環という流れを生んでいく。「慌てなさんな。慌てるからそないになるんよ。慌てんでも良いんや」という父親の言葉を思い出す。自分の使っていない部分を呼び起こすためだ、焦らずにゆっくり行けば良い。そう言われているような気がしてきた。

そして、改めて向かい合う・ムカヒの意味を受け取った。重合するというのは、向かい合うということ。そして、向かい合うことは、新しいモノが生まれること。この新しいモノという発想が私の中にはなかった。

お父さんとお母さんがムカヒすることで、子供が生まれる。確かにその子供は、父でも母でもない真新しいイノチである。真新しいイノチ。この世の中は、新しいチカラに満ちている。その背後には、ムカヒという型があるわけだ。カムとカタが向かい合うことで、今が生まれているのである。

カムとカタは向かい合って変遷していく。

卵と牛乳と粉を使ってホットケーキを焼くようにカタは出てくると思っていた。卵と牛乳と粉はホットケーキではない。ホットケーキではないものからホットケーキが生まれるように、カムは全く見えない潜象の作用でのみ、カタは出てくると思っていたのだ。

だが、バナナと牛乳を合わせてバナナジュースができるように、カタというものにカムが足されてカタカムナになっているのだと、ようやくこの時、理解と納得ができた。だからこそ、カタである現象が大事なのである。カタという世界の中から、新しいモノが生まれ出す。真新しい方向性が生まれるのである。

さらに付け加えたいのは、バナナジュースで例えるなら、バナナと牛乳を混ぜたのに、バナナの味を全く感じさせないような世界観である。バナナと牛乳を混ぜたのに飲んだら青汁のような、「えっ、こんな味になるの？」と、まるで真新しい味を感じる飲み物に変化する方向性をこの宇宙は持っている。

この現状から「そんなことが立ち上がったの⁇」というような、思ってもみない未来を、私は見てみたいし、体験してみたいと思っている。

しかし、それには順番がある。待つことが必要なのだ。大事なのは、「今の自分の思考のチカラを注がない」と言われたこともある。このお約束、かなり難しいと感じる。

そんな頃に、古山さんが亡くなったという連絡が入った。

最後に会った時、事務所の駐車場でカラスが電線に感電して死んだ話をしていたことを思い出す。あの時、「役場に電話したら、そちらで処理してくださいって言われたから怒ったんだよ。役場の人が来るまで、仲間のカラスが飛んできて、ギャーギャー言っているから大丈夫だ、ちゃんと葬ってあげるからね、と伝えたら静かになった。カラスは感電死らしい。カラスが感電して死ぬなんて、時代も変わったもんだ」と古山さんは言っていた。

この時、私は、古山さんが次元を移行して、私自身の時代も変わることに気づいていなかった。しかも、カラスが感電して駐車場で死んでいたという話は、あまり縁起の良いものではない。何か不安定なモノを感じていたのだが、結果「後から思うと」という思いが噴出する。

心に残っているのは、古山さんの事務所には額に入れた楢崎さんと宇野さんの写真が柱に掛けられていたことだ。あの時、なぜか不思議にも「その写真、私に下さい」と、強く言いたかった。今でも、その風景が眼に浮かぶ。けれど、思考が働いてしまった。「これもらったら、古山さんは死ぬのではないだろうか」と。死んだカラスの話を聞いたばかりだったから、不安な気持ちがあったのだ。だから、「その写真、譲ってください」と伝えるのは、もっと先でもいいと思っていたのだ。

でも、古山さんは亡くなった。

亡くなったという連絡をもらった時に、一番に「あの写真、いただいてきてください」と伝えたが、処分されてしまった後だった。不吉さを払い除《の》けようとコトバにするのをやめたにもかかわらず、古山さんは円環の歌に乗って向こう側へと逝ってしまった。

数日後、連絡を下さった方から、古山さんが書き込みをした学会誌のコピーがあることを知らされて、それを受け取りに東京に向かった。綺麗とは言い難い字で、たくさん殴り書きしてあった。帰りの新幹線の中で、はやる気持ちを抑えながら古山さんの残した書き込みを読み始めた。

その中で、ふと、目についた言葉が、私のカムナを強烈にアウトブレイクした。

「師匠がいれば（いるのなら）、師匠を超えられる努力をしなければならない」

この時初めて、古山さんは古山師匠になり、その師匠を超えられる努力をしようと心がスライドした。

それまでは、古山さんが亡くなったことで、「ここからは一人で行け」と言われているようで心細かったが、いやそうではない、と確信した。超えようと努力をする限り、同行二人なのである。多くの四国巡礼者がいつも弘法大師と一緒にあると言うように、カタカムナ巡礼者である私は、カタカムナを語っている時には、いつも同行二人となっているはずである。今も、この原稿は同行二人で書いているのだと思っている。

カが足されているカタ、ヤが足されるのではなくて、ヤで、カが足されていく。ヤの向こうにいる古山さんを思った。古山さんにも、ヤの働きでカを、大いに足してくれているのかと思い、感謝した。

「カタカムナの叡智を現代人に伝えることはなかなか困難であることは承知しておりますが、お手伝いができることを希望します」

古山さんからのメールのメッセージである。

ヤタノカカミのカミ・上は、カタカムナである。ヤで出てきたチカラは、カタのカムナになる。この時にヒビキを伴う。ヤの位置は、現象の中の潜象であり、現象の極みとも言える。カムナだ。カムナは潜りたがる。

だから、夢は夜見るのか。夜、人はカムへと旅立つのか、と思った。夜、つまり、潜象との極みの扉が開き、そこには鏡が立っているのだ。鏡に映っているものは自分だと思ってしまうが、その実、鏡は潜象から来るヤタノカの「カ」を映し出しているだけなのである。それが、カタカムナ　カと重合して、カミになっているのである。

そんなことを理解し始めた頃、友人が私を心配して、アドバイスをくれる人を紹介してくれた。これは、大いなるサイハイバーの発生である。

「あの怖い文言で書かれた夢の記述。ほらあれ、『文字にした時に声は死ぬ。声を殺すな』とか、『カタカムナのシュリホウ』ってやつとか、本当にカタカムナの押し出しなの⁇なんか違う感じがする。そういうこと、わかる人がいるけど話聞かない？」

友人はかなり気になっていたみたいだ。そして早々に場をセッティングしてくれた。

そして、色々と話を聞いてわかった。

どうやら、深層に近づけば近づくほど、それを邪魔しようとするチカラも明確になるらしい。正反である。あの怖い文言は、邪魔をされていた証らしい。確かに、あの怖い文言は意味不明だったが、その後のレクチャーでは、何やら訳のわからないことを言われたわけではない。

「だから、気をつけるというよりは、そういうものに邪魔されないようにしっかりと地に足をつけていきましょう」と友人には言われた。

「足跡」が強調され浮かび上がってくる。

わかったことといえば、私のやっていることが「カタカムナの叡智」をダウンロードしているということだった。疑い深い私は「えーーー　本当かい？」と思っていたけど、「カタカムナの叡智をダウンロードしている」と言われて、古山さんのメールメッセージが蘇った。

「カタカムナの叡智を現代人に伝えることはなかなか困難であることは承知しておりますが、お手伝いができることを希望します」

本当に、困難だ。「邪魔されることもあるんだね」、と思う。

伝えることだけじゃない。受け取る今のチカラが、カムのチカラと同じ質にならないと、何が本当で何がまがいものなのか、わからないままで終わってしまう。しかも、それらは私を陥れる危険性があるというのである。神ではなく、上と向かい合うことでしか発生は起きないのだ。

「よーし、神ではなく、上と向かい合うことで発生を起こしてやろうじゃないの」と、意識がスライドした時、何かがパーンと外れる音がした。その瞬間、「やっちゃいましょう」という声が響いた。順序とは反対の、逆序の悟りである。

この肉体から、上・カミと向かい合うことで新たな未来を現象界で生む。上とムカヒすることで、意識的に無意識と絡むのである。アオニヤシ・現象の極みには潜象がある。どこか遠くに潜象が単独であるのではない。現象を極めることで、潜象と絡む。上から下ではない。下から上・カミである。見えない世界から降ろすのではなく、現象の中に見えない潜象を見出すのだ。現象を極めることで潜象と絡む。これは、真新しい型が生まれる術である。その型を知ることで、真新しい生き方を歩くのである。

なんだか、チカラが生まれる。


まがいものだとしても、あの怖すぎる文言を受け取ったことで、上・カミと向かい合うための流れが生まれた。

それがきっかけで正と反、叡智と邪魔するチカラの区分けができた。二つの差が歯車を回してくれたのである。全てに順番がある。必要のないことは決して起こらない場所に私たちはいる。

ヤタノカがチカラとして生まれることで、カタカムナのチカラが増していく。それを「磨く」というらしい。磨くというのは、不必要なものを外に出していくことだと、ある方に聞いたことがある。必要だと思っていたことが、どんどんチカラをなくして消えていくのは本当に必要なことが生まれてくることと繋がるのだ。

ヤの位置でカがタしてくるチカラをヤタノカという。つまり、ヤタノカはカムから来たチカラである。そのカが、カタカムナをヒフミへと釣り上げる。ヒフミへと釣り上がることで、カタカムナのチカラが増していく。カタカムナのチカラがミに進み、未来の自分にとって不必要だというものが外へ外へと削《そ》がれていく。

それが、

ヤタノカ　カミ

カタカムナ　カミ

である。

ヤタノカ　カミ　が映し出したもの以外は、すべてカムへと潜んでいくのである。

〈フルヤマ解説〉


ヤタノカカミのカミはカタカムナです。

カミは日本語で神、上方を意味します。

循環が思念されるウタです。ヤタノカカミ・現象界に現れたものはすべてカタカムナを映し出しています。神社の御神体が抽象物の鏡であることの根拠になっているウタです。

逆序の表現にアオニヤシ・現象の極みには潜象があります。

第三首

フトマニ　現象界の粒子

蛇眠の中で落ちてくる「アメ」

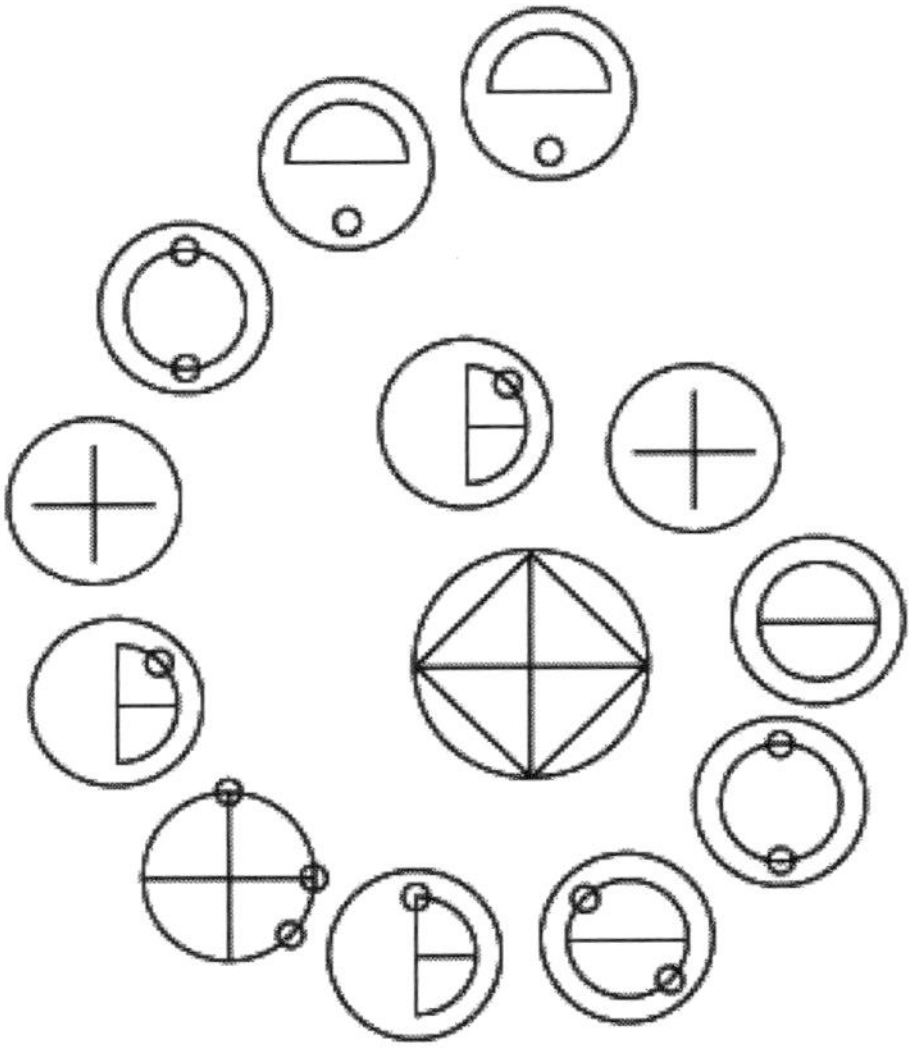

フトタマノミ　ミコト　フトマニ　ニ

中心図象
フトマニ図象

春になってきた。新しいモノが横へ横へと張り出す季節である。

相変わらず、夢の中でずっと講義と思われるようなモノは続いていた。だがそれは、次第に明確な印象が薄れていき、講義を受けている感じもなくなりつつあった。その代わりに、いつも私はまあるい場所の中心で上から降り注いでくるツブツブに意識を向けて座っていた。ツブツブは胸と首の角度を百三十五度に保つことで視えるのだった。

目は開いているのか開いていないのかどうでも良かった。なぜならそれは夢の中だからである。ただ、目を開けるとそれはツブツブになり、閉じると波になる。ヒビキを捉えたければ目を閉じ、カタチとして見たければ目を開ければいい。大抵、どちらも受け取るものは同じ結果なのだ。大切なモノを受け取ることが終われば、夢から覚める。だんだんわかってきたのは、それは明け方に起こるということだった。

夜中から明け方にかけて普通に眠り、一度起きて時間を確認する。デジタル時計は、大抵、意味深な時間を指し示す。４４４や　５５５　４０５　や、５１１　５５１に６１４など、ランダムな中で、意味深な何かを映し出しているデジタル表示を見た時は、可能な限り必ず二度寝することにしている。決まってそういう明け方に、大いなる叡智から何かを受け取った感覚、満載のコトバがノートに羅列される。

もう一つ、忘れてはいけないのは、カタカムナで脳がふつふつしたときに、その状態が立ち現れるということだ。わからないことがあれば、勝手に思考で答えを出すのではなく、敢えてそれに関わるカタカムナ探求をしておく。そして、わからないことは、肉体に響かせておくのだ。その一連の流れの中でヤタノカをウツシているようなデジタル表示を見たら、もう一回寝ようと、深く布団に潜り込む。私はそれを「ダミン」と名付けている。「惰眠」ではない。漢字で書くとしたら、「蛇眠」である。龍眠とか、かっこよく行きたいところであるが蛇が渦巻くような世界にいるので、蛇眠と名付けた。

上から降ってくるツブツブは渦巻きで落ちてくる。それは、多分、カタカムナの専門用語で言う「アメ」という代物なのだろうと思っている。

アメには、高温で熱されたような生々しいキリキリするようなモノやら、切れそうな静けさを湛えた湖の底に広がる鏡のようなモノもあった。様々なアメは蛇のようにトグロを巻きながら風をはらんで落ちてくる。自分のいる位置が肝心で、毎回、どこに位置するかで、風向きが変わることを私はなぜか知っていた。それが、足跡をつける一番重要なファクターになるからだ。まあるい場所にいる私はそのことに一番重きを置いているのである。位置する場所が向こうとこちらを繋ぐ死角にあることで、初めてレクチャーを受けた時のような、明確で本当に大切なアメを受け取れる。そうではない時には、風向きが悪いのか、なぜか滴《したた》り落ちるアメが体に絡み、へばりつくので、あっという間に目が覚めてしまうのである。そんなふうにして、だんだんと、マノスベという術を型にしていた。

南の大地に住む人々

鹿児島にある古代遺跡、上野原遺跡を訪ねた。ここは日本の中で最古級の村が存在していた場所であり、一万六千年前から古墳時代までの長きにわたり人が暮らした跡が見つかっている。一万六千年前とは、縄文が始まる頃で、私が求めたい時代にバッチリ当てはまっていた。

実は、この遺跡に訪れることに何度もチャレンジしていたが、タイムアウトで行けなかったり、コロナで閉館だったりで、今回が三度目の正直だった。この時は、「サイハイバーが開いた」と少し嬉しかった。

上野原で受け取った足跡は、今まで知らなかった縄文の姿であった。

縄文は北の大地で育ったモノだと私は認識していた。しかし、この遺跡はそんな認識を大きく覆した。

展示品の中に七千五百年前の素朴な土偶があった。

土偶は縄文時代早期に九州地方では使われておらず、後に東日本から伝えられたと考えられていた。だが、この土偶が出土したことにより、南九州の歴史の考え方を覆したようである。歴史はミクマリ状態なのである。確定要素だと思っていても、明確な何かが出土し、それが媒介となって新しい考えが生まれる。歴史世界は薄皮の現象が縦走しているのである。

そんなあやふやな歴史観を一つ一つ皮を剝がすように研究している人々がいる。こういう方たちに伺ったお話を、脳の中にある引き出しにそっとしまっておき、そのうち幾つかが自然発酵して形をなしていくのである。そんなやり方で自然発酵してきた私の脳は、それまで縄文時代には丸い形態の土器が好まれていると信じ込んでいた。というか、縄文土器は丸い、とばかり思い込んでいた。それに、鹿児島という南の大地に住む人々が、縄文土器を作っていたことにも少し驚いた。

彼らは二枚貝の殻を用いていろんな紋様を作り上げていた。この土器は「貝殻紋土器」という見事な紋様だった。

それ以上に驚いたのは、「角筒形《かくとうがた》土器」という四角い土器があったことだった。「丸じゃなくて、四角」。真新しい感覚が脳にインプットされた。角筒形土器は全国でもほとんど例のない特殊な形の土器なのだそうだ。つまり、南九州で独自に発生したと考えられているらしい。この「独自」という言葉に、また脳が反応した。

独自の文化は、くるりと囲んだミクマリの限られた空間の中で発展する。その中で密接にチカラが絡み合い、その中の素材を、その場の環境で組み合わせることで立ち現れる世界観が、独自の文化の出発点である。

四角い土器が縄文時代にあったのかと思った矢先、さらに現代風のレモン型の土器に出くわした。どこかのお宅に普通にあっても全くおかしくないモダンな土器がそこには陳列されていた。開口部から底辺までレモン型に作られていて、しかも、歪みもなく、本当に綺麗なレモン型をしている。これを作るのは、さぞかし難しいだろう。なのに、ここに住んだ古代人たちは、なんでこの形にしたのだろうか。

「まだまだ知らないことは山のようにある。鹿児島南部、ほんなこつ、すごかねぇ」と、呟きが漏れる。頭の中にレモン型の土器を思い浮かべながら巡回していると、祭祀の形態が紹介されているブースに辿り着いた。

上野原という台地の最も高い場所から、対になって発見された「双子壺」という壺型土器が陳列されていた。壺型土器も南九州に突然登場したモノらしい。口の部分がすぼまり、胴の部分の直径が一番大きく、突然登場して突然消えていった謎の土器と書かれている。

「謎」というキーワードに弱い。ここでもまた、「ほんなこつ、南九州　すごかよ」という言葉が口をついて出た。

今から七千五百年前のモノである。対になった二つの土器は、大地の中に埋納されていた。この土器のほとんどを大地に埋めて祀りをしていたことがわかっている。こういう土器を埋納土器というようだ。

そういえば、あちこちの銅鐸も埋納されていた。出雲には鉄剣も埋納されている。こちらはかなり後の時代になるが、土の中に埋める、ということでは相似形である。「彼らは、土に何らかのチカラを見出している」と思った。

カタカムナの歌の中には、ツチがオンパレードしている。

イカツチ・カクツチ・アナユツチ・ハツチ・イヤシロノツチ
タマルツチ・サツチ・イハツチ・イククヒノツチ・ヌツチ・イキツチ

第十首には、そのハジマリが描かれている。

メクルマノ　ミナカヌシ　タカミムスヒ　カムミムスヒ　オノコロシマ
カムナホク　アメツチネ　ハシマリ

全ての始まりはアメとツチが根っこにあるという。

私は、その埋納土器のブースにしばらく足を止めて見ていた。その時、ふと、フトマニ図象という中心図象が浮かんできた。穴の丸と、囲いの四角が組子になっている。対になって埋められた土器の口も丸と四角。

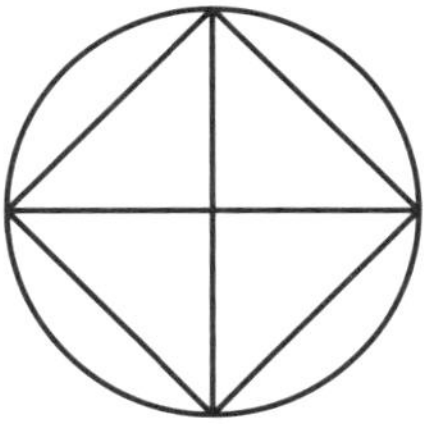

私の脳の中のカムナが揺れ出した。

「この土器の口、二つを重ねるとフトマニの図になっど」と、私には縁のない鹿児島弁が自然と口から滑り出す。これも、この空気とフトマニしているせいである。

そのブースには、祭りの想像図が再現されている。フォノグラムのようなシステムで桜島が噴火し、大地の上に人々が突然現れ出てくる。二つの土器の上でシャーマンのような人が踊り始め、その周りでも人々が体を揺らし始めた。そして、そのうち、その周りで人々が激しく土器を破壊し始める。

実は発掘された二つの埋納土器の周りには、夥《おびただ》しい数の土器片や石器などが、環状に出てきたという。祭りの中で土器を割って埋めたのだろうか。この時代の人々の意識はどこに存在していたのだろう。摑めそうで摑めない疑問が浮かぶ。もちろん、ここに展開されているのは想像図だから、こんなシャーマニックな様相ではなかったのかもしれない。または静かに二つの土器を埋め、その周りに割れた土器を環状に配置していったのかもしれない。しかし、この円を張り巡らすことに、何か脳が疼《うず》くのである。

古代の人たちの習性と、今の私たちの習性とには、かなり距離がある。古代における埋めるという行為は、今の私たちからは想像できない何かがあるように思えてならない。例えば、各地の円形の竪穴式住居にも出入り口のところに埋納土器が埋められている形跡がある。その中には、胎児を包んでいた胎盤が入っていた跡が残っているモノのある。家を出入りするのに、その土器を跨《また》いで出たり入ったりするのである。なんとも合理的でない、何らかの意図を感じさせる不思議な性質を、今の私たちの思考で捉えると違う方向に進んでしまう。

「もっと彼らの思考に近づきたい」と願う彼らの残したものとカタカムナの記号を見て不思議だと思う気持ちが重なり合う。二つの土器を見ながら、彼らの残した考え方の中に、記号に感じる不可思議さを展く鍵があるような気がしてならなかった。

まるで、縄文人や古代人は、カムの世界の人のようだ。言葉の意味を考えたり、記号を平面で捉えるから、彼らの時代となかなか繋がらないのではないか、と考えていた。その時代の人のことや生き方を知ろうと思ったら、その場で、かつての人々の声や生活に耳を澄ませることで可能になるのではないかと思った。

彼らの足跡に自分の足跡を重ねていく。現実的に、古代の遺跡にカタカムナの記号が残されていることはない。古代に曲線を使って描く技術などない、と言われることも多い。でも、その片鱗はあちこちに残されているのだ。

カタカムナは構造である。仕組みを作り、その仕組みで動きを生んでいる。カタカムナ古代人が残した構造がわかってくると、明確な記号があちこちに残されていなくても、カタカムナの理を彷彿させる事象はあちこちに残されている。「まずは、構造を捉えよう」と思った。私のできることを探し続けて、上野原の大地にようやく立ったのである。

博物館に行くと、展示についてよく知っている人に話を聞くのが一番だと思う。だから、大抵いつも学芸員さんを呼び出す。忙しい学芸員さんには本当に面倒な相手だが、大抵、皆さん丁寧に答えてくださる。しかし、まさか、「二つの土器の口が円形と四角で、合わせるとフトマニ図になるのですが、この時代にカタカムナは存在していましたか?」とは聞けない。カタカムナのことから説明しなければならなくなるからだ。そこで、「これは、祭りに使われていたようだと書かれていますが、この時代の祭りってどんな感じだったのですか?」と聞いてみようと思って学芸員さんを探したが、その日はお休みだった。ここではサイハイバーは、働かなかった。「自分で考えろってことだろうか」。

カタカムナにおいて、円はミクマリを示し、四角はカタを示すと言われている。また、カタカムナのフトマニ記号は、「カタ・カムナの型を示している」とされている。

外側の大円は、「カ」というチカラの世界とカタの世界を分けていて、円の内側がカタであり、円の外側はカムである。カムには遮るものがなく、ただ広がり続けている世界であることを示している。そして内側の四角は、カタの世界も二つに分かれていると伝えている。それは、見えている世界と、現象ではあるが、空気のように見えない世界とである。

四角の内側は形としてあり触れることができる領域であり、四角の外側は現象ではあるものの、曖昧でわかりにくい世界、カタとカムが重なり合ったマの世界となる。この部分をカタカムナ用語でアマと言っている。アマとは、アらゆるマという意味であり、現象的なことで頭が支配されている現代人には、わかりづらい世界かもしれない。簡単に言えば、スピリチュアルの世界で扱っている「視える」という感覚のほぼ全ては、アマを扱っているといえる。

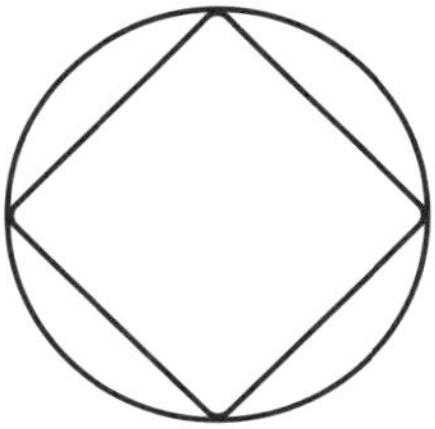

ないように見えて、確かに存在する、本当に大切なモノは見えない、その領域のことをアマと言い、カタカムナでは、現象界と潜象界が重なり合う、両方の世界を繋いでいる部分であると伝えている。

丸と四角という二つの世界を重ねることで、自然に三つ目の世界が浮かび出してくる。見えない世界と、見える世界と、両界が重なっている世界である。

そうだとすれば、土中に埋めた二つの土器はこの三つの世界を形にしたということだろうか。それで祭りをしていたとなると、やはり、この時代とカタカムナはなんらかの繋がりがあるように思えてくる。

次のブースに進むと、そこには土器が復元されて並んでいた。さっきのレモン型の土器と丸い口の円筒形土器、そして角筒形の四角い口の土器、三つ揃えて並べてあった。「これって、何よりヒフミになってる」と唐突に閃いた。これには、とても長い説明が必要になる。

その閃きを簡単に説明すると、まるでカタカムナのヒフミの現象に近寄っていくカタチが、丸・レモン型・四角という三つの土器の口の形に刻まれていると思いついたのである。ヒトツの丸いモノがもうヒトツに重なり合うと、レモン型の形が現れる（下の図の丸と丸が重なり色が濃くなっている部分）。

そのレモン型の形がさらに重なると四角の形が立ち現れる。三つ目の構造（フトマニ構造）が生まれたわけである（中心にある色の濃い部分が、丸十と呼ばれる十字架を示している）。

頭の中に、カタカムナのサトリである丸に十の成り立ちが組み立てられ、その始まりが明確になった気がした。

上野原の三つの土器はフトマニ構造の成り立ちを教えてくれた。サイハイバーは働いていたのだ。もし、学芸員さんに話を聞いてい

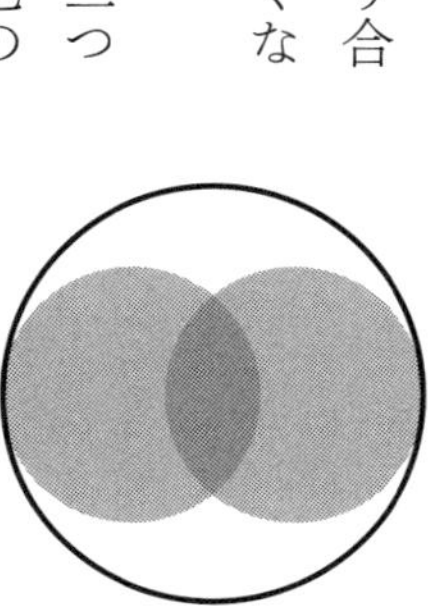

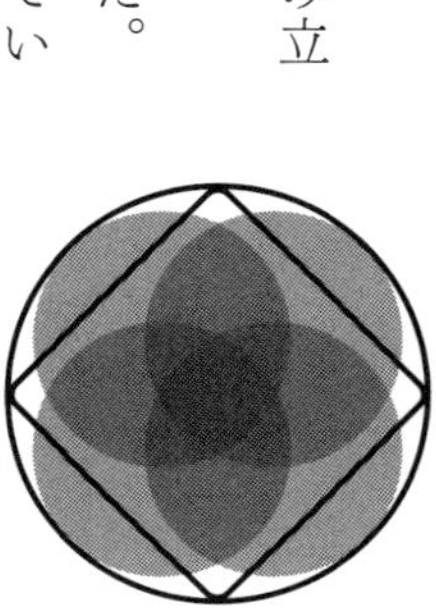

たら、この三つの土器のことを確認することはできなかったかもしれない。

時間が迫っていた。次の場所に移動しなければならなかった。

ここに、「マ」が展開されている──二つの力の統合「フトタマノミ」

自宅に戻り、買ってきた図録を見ながら、意識は上野原の大地にいた。頭の中で、三つの土器を重ねてみる。見たことも聞いたこともない、新しいモノの生まれが起きている。

例えば、お父さんとお母さんがいて、この二人が重なり子供が生まれる。生まれた子供は、お父さんでもお母さんでもない、第三の生命であるが、全く別かといえばそうでもない。DNAなどで繋がり合えている関係性がある。

思い出してほしい。同じ大円で括られた小円は形や層は違うところに位置しても、同じ系で括られている。大トトロに小トトロは括られているのである。生まれた子供たちは、バラバラの場所に住んだとしても、親という元で括られている。それを家系といい、血の道というのである。

この博物館では、この三つの土器を「三種の器」として展示している。見方によったら、これはミクマリ・カタカムナ・フトマニと言い表せるかもしれない。

丸い円筒形土器はミクマリ。四角い角筒形土器がカタカムナ。そして、レモン型の土器がフトマニである。


第三首の歌は、フトタマノミ　フトマニニである。

フトタマとは二つのモノを重ね合わせたタマのことをいう。大抵、世の中ではそれを勾玉（マカ・タマ）と呼んだりしている。タマとは、タしたマ、つまり、第二首で説明した、ヒビキがアウトブレイクすると、ヒビが入って全てのモノの始まりであるミクマリを二分し、タ⦶となることを示す。そして、「タ」して出てきたものは、いまだはっきりした状態ではない。それを・マ・間・アヒダと言うと伝えてきた。これを古山さんは「二つのチカラの統合によってできたマ、現象界（現象界と潜象界が重なって二重構造になっている）を構成するミ」と記している。

二つの丸が重なってできた大きなマ、これがミとなる。そのことをフトタマのミという。このフトタマとは、第一首のカタと、第二首のヤタが、フト、統合してできるタマのことを言っている。この二つが、タマを作り、そのタマから真新しいミが生まれるのだ。フ

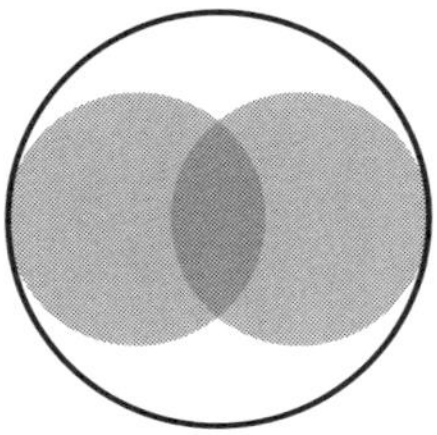

トタマノミ　である。

鹿児島の上野原の大地で暮らした古代人は、この大地の上で、フトタマノミを作り上げていたのだろうか。それを、土器に表し、割っては作り、割っては作りを繰り返していたのだとしたら、土から生まれた土器にヒビキをウツシながら土に還していたことになる。大きな循環を生む大地のチカラの再生を思わずにはいられない。土・ツチと膣・チツ、地球・チキュウと子宮・シキュウ、山道と産道・サンドウ。生まれることと、自然界のあり方がリンクする。

時も時、この遺跡が活動していた時代、ここは桜島の近くで火山活動が活発だったようである。また、鬼界カルデラが噴火した六千三百年前の前と後、両時代に栄えていた遺跡でもある。山から噴煙が上り、大地は大きく動いた時代だっただろう。それなのに、どうしてここに人が住んでいたのか不思議だった。私だったら、火山活動が活発な火山の側に住もうとは思わない。でも、色々と調べてみたら、古代人はあえて活性火山のそばに住んでいたように思われる節がある。例えば、次のように山と古代人の関係が挙げられる。

鹿児島　桜島の上野原

日本アルプス　八ヶ岳の尖石
東北、岩木山・十和田湖などに存在した古代の村
浅間山のそばの浅間山嶺縄文遺跡

多分、いまだ私が知らない縄文以前の遺跡のほとんどは、当時の火山の側に作られているような気がした。火山・カの山。言葉がコトバへと展開していく。

大地のチカラ・潜象のチカラ――火山の声を聞いていたカタカムナ古代人

不思議に思っていたけれど、考えを凝らしてみたら、なんとなく納得することがある。それは、上野原で感じた大地のチカラが、潜象のチカラとも言えるということだ。大地が揺れ、火山からマグマが噴き出すと、噴き出したマグマは錦江湾に流れ込み火と水が出会う。火と水が出会い、急速に冷え固まってできるのが黒曜石である。だから、黒曜石は火山帯に多い。つまり、火と水という決して統合しないように思えるモノが「結び」した岩石が、黒曜石なのである。縄文人はこれを大切にしたのだ。

黒曜石はガラス性があり、薄く剥ぎ取ると、皮もざっくりと切れ、鏡にもなる。綺麗に磨けば磨くほど、漆黒の鏡となってあの世のモノを写し出したに違いない。漆黒の闇《ヤミ》、まさに「ヤタノカカミ」である。

この南九州の文化は「磨きの文化」だと言われているらしい。「ミガク」まさに、このコトバの中にカミという文字が存在している。磨くことで、カミを石に遷し替え、遷し替えた道具で生活を豊かにしていたのだ。

磨くとは、今の私たちが考える磨くことだけではないように思う。生活全般を通して、ミガクが浸透していたはずである。

そういえば、昔、ネイティブアメリカンと話をした時に、使うものは全て自分で作ると言っていた。服も、靴も、カバンも、髪飾りも、全て自分で作るから自分の身を守ってくれるのだ、と。その人は男性だったけれど、縫い物をするのか？　と聞いたら、「そうだ」と答えていた。「あなた方は、誰かの作ったものを着たり持ったりしているけど、それで自分を守ることができているのだから、日本人はパワフルだ」と笑っていた。このように、自分の手でミガクもので、自分を守るという生き方があったように思う。

もしかしたら、彼にとって私が、人生で初めて出会ったネイティブだったかもしれない。

友人がコーディネイトした日にお手伝いに呼ばれたのだが、今思い返すと、不思議な話をたくさんしてくれた。「日本では雨がよく降る。自分が住むグランドキャニオンではほとんど雨が降らない。でも、たまに雨が降る時、急いでスマッジして、静かに目を瞑る。雨は本当に瞑想の最高の音楽だよ」と。

スマッジとは、燻《いぶ》すという意味の英語である。彼らは聖なる葉であるホワイトセージに火をつけて空間を浄化する。私は雨が嫌いだった。青い空が見えないからだ。でも、この時から、雨音がとても気になるようになった。雨が降る時には、音楽を切るのだ。

執筆中の今も雨が外で降りしきっているが、確かに、雨音は集中するための膜を作ってくれているように感じる。カタカムナ上古代人にとっても、雨は大事な生命発生の元であり、自分の中にアウトブレイクするヒビキを作る大事なツールだったはずだ。

歌の中にも、「アメ」が何度も歌われている。彼らが歌うアメには、雨の意味もあるが、あるゆるモノがこの世の中に生まれたハジマリ、つまり最初の小さな粒子・マリのことを「アメ」と言っている。だから、水も雲も、これからお話ししようと思っている火山から生まれたマグマの一滴も、ハジマリはアメなのである。ヒフミヨイのハジマリを示す「ヒ」もアメである。アマの領域からメが出たアメ、ハジマリの粒子、日本のコトバは、とてもシンプルで楽しい。

古代人は、突然噴煙が噴き出し火柱が立つのを、「火山の地下にあるマグマ溜りからマグマが岩盤を突き抜け地上に放たれた」などと思わなかっただろう。大地に住むカムナが、何らかのきっかけによって叫び、人々にそれを知らすために放たれたと考えたのではあるまいか。または、大地の怒りに触れ、大地が割れたのだと。彼らは、大地に神を見出していた。

さらに古い時代のカタカムナ古代人は、ここには、潜象のチカラが絡んでいると思っていたに違いない。古代人は神と捉えてしまうけれど、カタカムナ古代人たちは潜んでいるチカラが出てきたと思ったはずである。

なんらかの均衡が破れたため、現象側のあらゆるものたちへと、カムは火を放つ。だから、火山は、恐れと同時にありがたい存在なのである。お陰様のチカラが生まれているのだから。

火山爆発したら、死者も出るだろう。住む家もなくなり、生き続けるのに困難をきたす。それでも、火山の奥にいるカムナは容赦なく現れ出る。それをありがたいと思いつつ住み続けた日本の古代の人々たちのココロに同期する。何かそこには大きな利点があったのだ。

彼らが生きるための大切な根拠が。

「カムナのおかげ」という声が響いてくる。潜象のチカラの現れは、大地を豊かにする作用である。

噴火による噴出物は多孔質、つまりスポンジのように穴がたくさん空いている。それらは、水分を抱える。だから、山の麓には多くの池が生まれる。

カムから生まれたチカラは、その後、大地を肥やし、水を蓄えるようになる。

火が生み出した水である。ヒフミである、ヒがフえると、ミが生まれる。その上、山体崩壊でできた広大な平野、降り積もった火山灰はとても水捌《は》けがいい。桜島大根、桜島小みかん、桜島の近くの温泉や、地熱が高いことによる砂蒸し風呂。今、観光になっている様々な恵みは、当時の人々にとっては自然からの授かりだったはずである。

一方で、火山から噴出する物質を「マグマ」というが、誰がマグマと名付けたのだろう。「マグマとは溶解した造岩物質を主体とする。地下に存在する流動物体。地球をはじめとする天体を構成する固体が、内部で溶解したモノ」とあるが、誰がマグマと名付けたのかはわからない。だが、ここに書かれているマグマの説明は、まるでミクマリのようだと感じた。つまり、火山爆発は、この世のあらゆるモノを作り上げる元が噴き出しているのである。

カタカムナ人は、「噴き出し口近くに住んでいたい」と思ったのであろう。私もカタカムナ時代に生きていれば、間違いなくそう思う。そんな場所はイノチの発生力が活性しているはずだからだ。

地球の核近くに、この天体を構成する固体が溶けて漂っている。やはりカミは、外ではなく中に存在するのである。祭りはチカラの発揮だという。火山噴火もチカラの発揮だから、それ自体が祭りであるということになる。驚くことばかりである。

マグマの中には結晶を含み、水などの揮発成分が溶け込んでいるのが普通だという。マグマから揮発し、マグマの中の水が、現象界の水を求めて海に流れ出す。

見えない世界と見えている世界を繋いでいるのが黒曜石だとしたら、古代人が黒曜石を大切にしたことの根拠を見出せたような気がした。

黒曜石の中には、トーラス構造が存在する。内側が外側に出て、次に外側は内側に戻る。不活性な外側は、活性な内側を求める。土地を活性してくれるのも、この火山だ。

そうだとしたら、たとえ困難さを極めたとしても、この土地に人々はいつか戻ってくるだろう。その証拠に、鹿児島の大地には、火山活動が激しく、全てを燃やし尽くす火砕流が流れ込んだ場所の上にも下にも人が住んだ跡が残されている。このことから人々は、活性力の高い場で、大地のチカラと共に生きていたことがわかる。

新しいイノチが大地を生まれ変わらせる。彼らは大地の祭りをし、大地、そして火山の声を聞いていたのだ。


フォッサマグナ、火山帯、断層、など荒々しい言葉が続くが、日本は、それがあるからこそ土地のチカラが豊かなのである。土地の下に潜んでいるカムのチカラを利用し、大地の豊かさを感じとれる場所で、丸い口と四角い口の土器を使って祭りをした人々。地下と地上の間に、大円と四角という窓を開け、地下と地上のチカラを一つにした祭り。それには、フトマニの祭りという名前がついていたのだろうか。想像が逞しくなっていく。

フトマニの祭りは、大地の上にあるカタカムナと呼ばれる全てのものが、潜象のチカラであるヤタノカを受容し、フトタマとなり、循環を生む祭りだったのだろう。カムのチカラを受け取り、カタのチカラは磨かれ、次々と様々なものを生み出していく。

ミコトとは、ヒフミでできたレモン型の入れ子が、何度も何度も回転し、マワリテメクルことで、循環していることを表しているように思える。循環すれば、生命の発生は止まることなく生まれ続ける。ヒビキは生まれ続けるのである。

後からわかったことだが、英語のマグマはギリシャ語の「糊」という言葉に由来しているそうだ。ギリシャには多くの火山がある。火山が多いからか、自然科学が発展したのがギリシャなのだそうだ。ギリシャは自然の中に科学を見てきた。

糊。確かに、マグマには粘着性があるようなイメージがある。

カタとカムを繋いでいる糊。しかし、その解釈はあまりにもこじつけっぽい。

「科学の『科』の語源ってなんだっけ？」

このようにして次から次へと謎は謎を呼ぶ。

向上、カミは上へ上へである。どこまで行っても行き着くことはないだろう。辿り着いてもその先がある。私たちはそんな場所で生きているのだ。

フトマニ　ニ──他者とフトタマしながら、フトタマへと到達する

フトタマというマは、さらにフトマへと展かれていく。フトマとは、フトタマがさらに二つ重なり合ったもので、レモン型のマが二つ重なっていることだ。フトマができたら、

真ん中に十字（フトマ）が浮かび上がる。

一番色濃くなったところで、トキトコロが生まれた様子を表している。

十字はトキトコロの象徴であり、二つのタマが重なることでミを生む。ミは本体であり、本体が生まれることは、時空の生まれを意味する。


古山さんは「チカラがミコト、現象空間構成物であり、この単位の二つが統合され定着しているのがフトマニ・現象界の粒子なのです」と書いている。

ミコトが現象空間構成物であるというのは、簡単にいえばイノチの発生のことを指している。小さな円二つを重ねたことで現れるレモン型の部分、それが回転することで、真ん中に十字が浮かび上がる。十字が浮かび上がると同時に、小さな円は四つとなり、外枠の四角い部分を現していく。ただ小さな円二つが回転循環することで生まれた世界である。この四角をカタカムナは、カタとしている。

それが大きくまとまることで「フトマ」が生まれる。カタとカムがまとまった大きな世界である。それらが定着しているのがフトマニという現象界の粒子であるという。

その通りではあるが、「定着している」とはどういうことなのだ

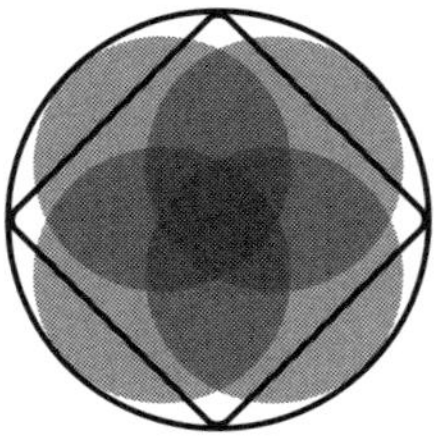

ろうか。わかりきっていたはずなのに、不意に疑問が湧いてきた。上野原に行くまで、古山さんの文字の表面だけをなぞって、わかった気になっていたのだ。この時はまだ、フトマニ　ニに続く「ニ」のことがよくわかっていなかったのである。

それから、「定着するとは？」とノートに綴り、幾晩もその答えを待った。

「カ　セ　ン　ジ　キ　夜のト　バ　リ　マ　ニ　マ」

それとなく答えを感じさせるコトバに夢の中で出会えても、それ以降に繋がる道が私の脳の中になかった。

一方、定まるとは、二つのモノの差があることで出てくるということである。正反・静動・上下・左右、このような正反性を持つものが向かい合うことで差が生まれる。モノが向かい合うだけで差は生まれるのである。そんなことを考えていた頃、答えに辿り着くキーワードに触れた。

愛知で五年ほど講座を続けているが、ある時、生徒さんから質問を受けたのだ。

「『あわい』という言葉に触れたが、それはカタカムナ的にはなんと言うのでしょう。何かカタカムナに関係しているように思えて」

これに対して咄嗟に出たのは、「マということだと思います」という言葉だった。おそらく、カタカムナ的には「あわい」は「アワヒ」と「アワイ」の二種類に置き換えることができる。合わさるチカラは出てきていても未だ見えやらずの「ヒ」の状態であるモノと、「イ」という極微粒子となって電気性を帯び現象側に出ていて、捉えることができるものという二つの方向性を持つ。日本語には正反性があり、両側の言葉が存在しているのだ。「あわい」はそのどちらの性質も兼ね備えて使われている。

私たちは、状況に応じて、瞬時に脳の中で、「アワイ」として、または「アワヒ」として言葉にしているのである。アワヒとアワイ。ある意味、アワヒがフトマであり、アワイがフトタマということになる。

生徒さんに尋ねられた瞬間から「アワヒ」というヒビキが頭から離れなくなった。離れなくなったと同時に、定まりという言葉がどんどん近づいてきた。

定着するというのはどういうことなのか、ちゃんと調べてみようと思った。

「定着する」とは、「しっかりとつくこと。固着して容易に離れなくなること。一定の場所に落ち着くこと。正当性が多くの人に認められ定まったものとなること」とある。なんだか受け取れるようで、何かがしっくりとこなかった。

「定着」を言い換えるとどうなるのだろうと思い、さらに調べてみると「深くてしっかりとした結びつきを持つさま」と出た。類語では「根を下ろす、根付く、根を張る、根ざす、深く根を下ろす、染み付く、しっくりくる、固定する、くっつく、恒常化する、常態化する、一般化する、浸透する、溶け込む、同化する、拡大する」とある。次第に、「定着する」「定まる」と固定化していた私の脳は、根付く、染み付くという類語を通して、「フトマニ」の関係性が見えたように感じた。

ニというのは、二つという意味にも通じる。しかもフトマニ　ニとニは二つ繋がっている。フトマがニ　ニと、二回繋がるのは、カタからカムへ、そして、カムからカタへと、行ったり来たり、行きつ戻りつし、根を張り、染み付き、くっつき、溶け込むことのように思えてきたのだ。

二つのものが向かい合うことで、アワヒ・間は生まれる。間が生まれることで、お互いに、根を張り、染み付き、くっつき、溶け込むことが可能になるのだ。溶け込む、染み付くには、その間、アワヒでの限りない関係性のやりとりがある。二つの世界が定まることだけを捉えていたから、わからなかったのである。差があるということ、向かい合うということは、ただそれだけではなく、アワヒ・間のやりとりがあることを言っていたのだ。そのアワヒ・マ・間が、カタカムナにとってどれだけ重要かということを、ようやく、身をもって認識した。

マとカがわからなければ、カタカムナはわからない。確かに、そうである。

おそらく、今、私が受け取っているモノより、さらにもっともっと深みがある世界なのだろう。カミへ、上へと辿っていく。が、辿り着いたら、次の段階が腕を開いて待っていてくれる。


数日経って、『あわいの力』（ミシマ社）という能楽師の安田登さんが書いた本が届いた。「古代人には心がなかった」という見出しに惹かれた。「『心の時代』の次を生きる」という副題は、私が座右の銘にしている「正反という両側に展かれた世界で、その両側に辻褄が合う生き方を探しなさい。それが新しい生き方です」という文言に似てる。

これは、カタカムナの学会誌の中に掲載されている宇野多美恵さんの言葉である。両側に展かれた世界、相矛盾する世界のどちらにも辻褄が合う場所は「マ」であり「アワヒ」でもあるのだ。


安田さんは、現代は心の時代だと捉えられている。

そろそろ次の真新しいものが発生してもおかしくない、とも著作の中で書かれている。

文字が生まれ、文字を使い始め、それからしばらくして心が生まれた。現代という今の時代、その心に人間は押し潰されそうになっている。今の時代と、人間の心が、次の真新しい時代を発生させていく。今は、その「アワヒ」の時代に存在しているのである。ここから、間違いなく新しい時代が生まれてくるのだ。ニニ、両側の世界から手を伸ばし繋ぎあうチカラを感じる。どちらからも、親しく和《わ》している、懐き懐かれているのだ。これを親和状態という。

『あわいの力』には、フトタマノミ　ミコト　フトマニニ　を美しく表したエピソードが描かれている。それは、まさに、フトタマノミ　ミコト　フトマニ　ニ　を現象として著されている。

お能の笛方の人は、ある程度になると、師匠の吹いていた笛を譲られるのだそうだ。しかし、譲られて笛を吹いても、しばらくは音が鳴らないという。笛が師匠に懐き、師匠の息でないと鳴らないのである。しかし、淡々と稽古を積んでいくと、そのうち、師匠と全く同じ音が鳴り響くらしい。ただし、吹いても吹いても自分の音ではなく、その笛は師匠を恋しがっているように、師匠の音を奏でる。まるで笛は師匠という人間と組子となり、完全なウツシ状態となる。自分の息で、師匠の音が鳴るのはさすがに気持ち悪く感じるのだそうだ。それでも、次第に笛は自分の息に同調するようになる。そこでようやく、師匠のヒを継いだことになる。これこそが、フトタマノミ　ミコト　フトマニ　である。師匠とフトタマしていた笛に、何度も繰り返し、自分のミをコト（循環）させ、ついには、師匠と自分の重なり合うフトマへと到達するのだ。

フトマはただのマではない。それは二つが絡み合い、師匠のチカラを潜態させながら、自分のチカラが真新しく発生するマである。それは両者をムスヒしつつも、さらに吹き込むヒビキによるアウトブレイクで自分という根を深く深く下ろし、笛の内部に染み込ませ、最終的には自分の笛になる。だが、その重層した世界には、それまでその笛を作り上げてきた歴代の人々のフトタマが潜在し、フトマニとなっているのである。日本の根には、これがある。

新たに生まれてくる現象の粒子の中には、たとえそれが新しいものだとしても、そこには長いトキトコロをかけて定着した大いなる存在がある。私のカタカムナの中にも、古山さんのカタカムナが潜在している。今はまだ、古山さんのヒビキをそのまま生み出す状態だとしても、これを繰り返していれば、必ず自分の足跡をつけていけるようになる。

吹き続けること、語り続けることで、カミへ、その上へと重なり合う自分になれること
を『あわいの力』は教えてくれた。

〈フルヤマ解説〉

二つのチカラの統合によってできたマ、現象界（潜象界と現象界が重なった二重構造になっている）を構成するミ、チカラがミコト、現象空間構成物でありこの単位の二つが統合され定着しているのがフトマニ・現象界の粒子なのです。

ヒ・フ・ミ――カタカムナの根源的な理が教えること

第一首　カタカムナ　ヒヒキ　マノスヘシ　アシアトウアン　ウツシマツル
　カタカムナウタヒ
第二首　ヤタノカ　カミ　カタカムナ　カミ
第三首　フトタマノミ　ミコト　フトマニ　ニ

最初のヒ・フ・ミの歌が立ちのぼる。

古山さんは、この三つの歌が最も肝心で、カタカムナの土台になっていると言っていた。確かに、中心図象と言われるカタカムナの核を成している図象は、この三つの歌の真ん中に位置し、この三つの歌が一つのマトマリになっているようにも感じられる。


目の前のオリーブの木が風で揺れている。その木の影も揺れている。オリーブの木と影が結び合う地面もある。潜象の世界は、その影のように現象と同じ方向に揺れ、影のように元の位置でピッタリと張り付いているのだろう。風は両界が結ばれていることをお知らせしてくれるように、目の前でオリーブの木を大きく揺らしている。

ふと、ミクマリという世界観を、この世の中の「水・ウォーター」として認識し、理解しようとしている自分を感じた。もしかしたら、水はミツをこの世に表したもので、カタカムナ古代人が伝えようとしたのは、「水」ではなく「ミツ」だったのかもしれない。ヒとつ、そしてフたつが重なることで成る「ミ」っつ。三つになれば必ず現象に生まれる。潜象と現象も、カム・潜象界、アマ・半世界、カタ・現象界、三重の構造である。

ミツとは、ヒフミが元であり、元が生まれた暁には、ツ・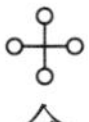全ては個々性を持って立

ち現れるという意味である。また、個々性ではあるが、それらは全て十字で結ばれていて繋がり合っていることも表している。ヒフミと、立ち現れた「ミ」は、角度を持って立体になっていく。それを、カタカムナのコトバで、「ミソデホト」という。

ミソデホトとは、三つのモノが生まれた時に、その位置からソ・外れて立ち上がることを表すコトバである。立ち上がったミは、同じモノとは反発し、それて、外れることで、現象へと傾いていく。

この場合、カムとは反対側にある、カタという現象系のモノと繋がっていく。カタ向くのである。それをテという記号で表している（テ）。上下の小円はSとNのような正反の極を示しているとされている。

ヒビキ、出てきたものが、反対側のものと手を繋いでいる記号である。同質なモノとは反発し、異種なものと親和していくという性質が、表されている。カタの世界へと染み出したモノは、カタの世界でも、同質なモノとは反発し、異種なモノと親和する性質が現れる。ヒビキは性質を継いでいくのだ。

「ミソデホト」というのは、カタからカムへ、カムからカタへと、出る性質を表している。

外れることによって、反対側にあるものと手を結び、親和していく。親和したらまた、反対側に焦がれ、反対側へと手を伸ばす。二つの世界は密接に繋がり続け、最終的には、親しく和する。

外れて傾くのは、反の世界である。

こちら側に出てきている私たちは、常に異種的な存在であるカムと繋がり続け、最終的にカムに親和し、カムへと還るわけである。


オリーブの木の影が大きく左右に動く。オリーブに注がれている光が、常に影へとすり替わり、光が影に、影が光に瞬時に交換されているように思えてきた。

私たちは、光と影がものすごいスピードで交換されているのにもかかわらず、絶えずそこに光と影があるように感じているだけなのだと、オリーブの影と光は教えてくれた。初めて、両界が繋がり、影も光も同じモノであることを心から認識した瞬間だった。


カタ・現象、アマ・現象と潜象、そしてカム・潜象。

繋いである部分には、カムはカタへと、カタはカムへと高速にスライドしている。外れてくっつき、くっついたと思えば外れ、どんどん遷り変わっていく。現象と潜象を交換させている世界だ。

私たちは単に、その片側の方向だけを捉え、物として感知しているだけなのだ。

三つのウタヒで伝えているカタカムナの根源的な理。三つの中心図象。声音符・図象符・中心図象という三つの形態。ミツという仕組み。その奥には、これらを出している存在がある。三度目の正直。正は直角、九十度で生まれ出る。

第四首

生命発生の本質

カミナリテ　カタカムナ
ヨソヤコト　ホクシウタ

極微粒子「イ」のチカラ——現象界と潜象界の時間軸の違い

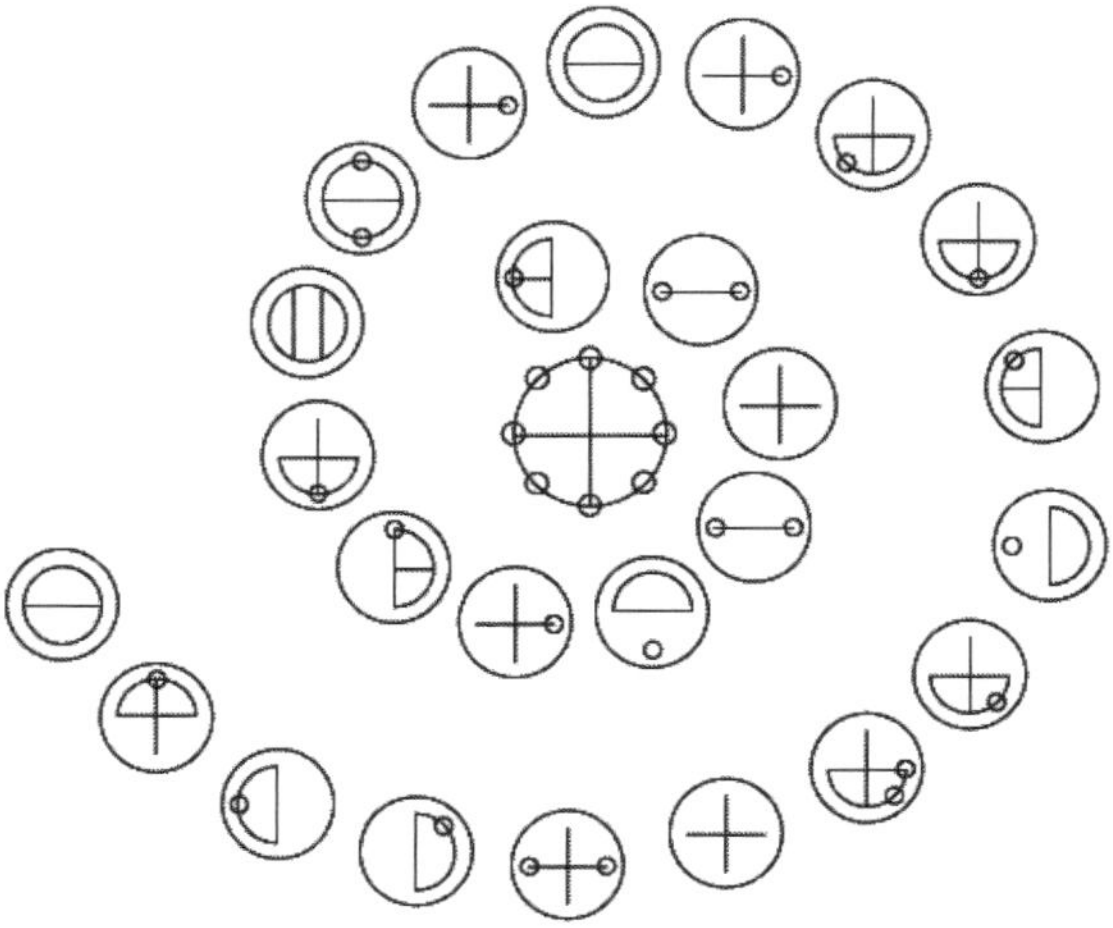

イハトハニ　カミナリテ　カタカムナ
ヨソヤコト　ホクシウタ

中心図象
カタカムナ図象

この第四首になって初めて「イ」という言葉が出てくる。「イ」という声音符記号が表しているのは、極微粒子である。極微粒子とは、極めて小さな微粒子のことだ。それは、「未だ見えない」という意味を表す言葉である。小さくて私たちの目には見えない。耳慣れない言葉でしっくりこない。

この世には、小さすぎて見えないモノと、大きすぎて見えないモノの両サイドが存在している。イカツチ・雷、イノチ・命、イマ・今、イノリ・祈り、イシ・石・意思、イシキ・意識など、これらのものには、見えるようで見えない極微粒子を感じる。

「でも、この中の『石』は見えているじゃない」と、心の声が響く。

確かに、どういうことなのだろう。目を閉じて、自分の深みに聞いてみる。たちまち、オリーブの木が揺れている風景が映し出される。

石は、「イ」の示し。「イ」は未だ見えないというけれど、石には見えない何かが存在している。「何が見えていないのか？」と問われたような気がした。

カタカムナでは、動きのことを「イゴキ」とも変換される。イゴキとは、極微粒子の回転が生まれることを表している。この世では、粒子同士が正反対のものと繋がったり、同質のモノ同士が外れたりして、電気の性質が生まれ続けているのだ。回転して、くるくると循環しだしたら、電気は発生する。肉体も動けば暖かくなる。これは、電気が生まれていることによる。

イノチとは、電気性を帯びた極微粒子が変遷し続けていることをいう。ただ、細かく言えば、「イ」は極微粒子であっても、電気性ではない。ただ、イがそこにあれば、くっついたり、離れたりして電気が生まれてくるため、電気は自然と発生する、と言える。また、電気そのものは見えない。電気が生み出す動きや働きは見えるが、極微粒子が見えないように、電気も見えるモノではない。確かに、未だ見えないけど生まれてはいるという説明はその通りだなと納得する。

イカツチ・雷、イノチ・命、イマ・今、イノリ・祈り、イシ・石・意思、イシキ・意識。これらには全て動きがあり、電気性が存在している。つまり、石は見えているが、極微粒子によって発生する電気性は見えていない。その部分はイの示し、イシである。天然石や磐座《いわくら》などの石に電気性があると言われれば納得する。

また、石も意思もイシである。それは同じような性質を持っているとカタカムナは伝えている。つまり、「イ」という極微の粒子は、この世に動きを作っているのだ。

当たり前であるが、実はこの世には、動きのないものはない。目には止まらぬスピードで回転し続けているけれど、実は、何もないと思っている空間にもこの極微粒子は充満している。空間はある意味、極微粒子が生む電気で満たされているのだ。私たちは、電気性が、ある程度カタまった確定要素の多いカタ側の世界だけを見てモノがあると思い、見えていないもう一方の世界をないと思っている。

風で揺れるオリーブの木が、光を影に、見えるを見えないに、高速で交換している場が実は存在している。全てのものが回転し続けているため、この世の全ての本当は、ぼやけ揺らいでいるのだ。

生まれたばかりの赤ちゃんには、この世界の全てはぼやけて見えているという。こちらの世界に慣れるのに約一ヶ月かかるのだそうだ。おそらく、現象界のトキトコロが持つスピードと、潜象界の持つスピードが少し違うので、世界をスライドして出てきたイノチが、カタの世界に慣れるまでに時間が必要になるのだ。

この世の中で潜象に一番近い場所は「ブラックホール」だと思われる。ブラックホールは少し面白い世界で、近寄れば近寄るほど時間はゆっくり流れていることが今わかってきている。
『インターステラー』という映画がある。これはかなりカタカムナ寄りに描かれた映画だと思っており、何度見ても感心するが、あの映画の中で、母船に仲間を待機させ、主人公はブラックホールにかなり近い惑星に立ち寄るシーンがある。数時間後、ブラックホール近くの惑星で役割を果たし戻ると、母船には十何年も年を重ねた仲間が彼らの帰りを待ち望んでいたのだ。ブラックホール近くの時間は数時間、母船に流れた時間はその何倍もである。トキトコロは、場所によって流れ方が違うという性質を持っているのだ。これは、日本の昔話「浦島太郎」にも似ている。海の底と、地上の世界では時間の流れ方が違うことを「浦島太郎」は伝えている。「高速で移動するほど、止まっているものより時間の進みが遅くなる」という現象は「ウラシマ効果」と呼ばれている。つまり、カムやアマの世界は高速で動き続けていて、カタの世界は、まるで時間が止まっているように感じるとも言えるのだ。

寝ている間、私たちは潜象寄りに存在している。なぜなら、起きている時間の六時間より、寝ている時間の六時間はあっという間だからだ。寝ている間、私たちは高速に移動しているカムの世界を漂い、そして、止まっているようなカタの世界で目覚め、その世界を味わっている。

潜象から生まれ出てきたものは、最初、ずっと夢の世界寄りに存在している。だから、高速回転する極微粒子のカタマリである赤ちゃんは、この世の中にあるモノ全てがぼやけて見えてしまうのだ。高速回転する極微粒子だからこそ、赤ちゃんはいきなり大きく育っていくのである。

極微粒子「イ」も、実はものすごい勢いで回転している。それは、風を起こし、電気性を生み私たちの周りに大きな影響を及ぼしている。

イハトハ　ニ――「わたくし」という現象

ヒビキを生み、マが生まれ、変遷していくものは、いつしか足跡を浮かび上がらせるが、未だ足跡が映し出されるのみで、足跡をつけている行為が見えることはない。ぽつりぽつりと足跡のみが残されている状態「イ」から、いよいよ、現実的に現れ出てくる方向にあるのがこの第四首である。

ハの声音符記号はである。「イ」になった瞬間に、ハジマリの「ヒ」の位置と繋がっていくのだ。

では、これまで、ハジマリの「ヒ」とは繋がってこなかったのか。カタカムナと言いつつ、現象と潜象の繋がりは生まれていなかったのか。全てはここからと言いながら、本質的にはここからスタートしていたのか、と疑問に思う。

私たちに内在するカムナは、カタカムナ古代人のハジマリというコトバを「始まり」としか交換しなくなってしまった。ハジマリには、端マリ、橋マリ、さらには、首マリもあるのである。首には、くび以外に、「こうべ・かしら・はじ（め）・もう（す）［カッコ内は読み仮名］」という読み方があるようだ。首に「ハジ」という読み方があることを、私はカタカムナを学んで初めて知った。

ウタヒを第一首、第二首と呼ぶことにもなんらかの関係があるはずである。一は二のハジマリであり、二は三のハジマリだからだ。このカタカムナウタヒは、繋がっているのだ。

さて、この「イハ」は、潜象から現象が生まれるには、生まれるための場が必要であるということを示している歌である。ミクマリからスタートし、場を作り上げるまでに、ヒフミヨというトキトコロを立ち上げ、「イ」の段階で、いよいよ現象的になってくるのである。

フルヤマ解説には、次のように述べられている。

イ・現象界の極微粒子・動きの因子の重合によってカがミ・現象界でのあらゆるハタラキになる

現象界の極微粒子は動きの因子であるという。やはり、極微粒子は粒子であって電気性ではない。つまり、イはとても曖昧な位置に存在していることになる。それらが重なり合うことで、電気性を帯び、現象界での働きを生んでいくのだ。

カタカムナは細かい。その上、非常にあやふやな怪しい世界である。この怪しい世界のことをカタカムナでは「アヤ」と言っている。怪しい危うい世界は、二つの世界を繋いでいる。

日本のアニミズムを思うと、この怪しい危うい世界を色濃く感じさせるものがあることに気が付く。二つの世界にまたがる捉えにくい部分が、日本の古い時代の感性に潜在している。この怪しい部分を、確実に捉えようとしても、捉えることはできない。しかも言葉にしてしまうことで、潜態し、なくなってしまうモノがあるのを感じる。確定、判断すると見えなくなってしまう。けれどもそれは確かにあり、カタカムナでいうところの「カムナ」であり、「アマ」であり、「ヒビキ」である。これらカタカムナのコトバの持つ、途方もなく広大で、途方もなく極微で、そのマクロとミクロが交換しあい、お互いにスライドすることであるという世界が日本には存在してきたのだ。

宮沢賢治は、『春と修羅』の冒頭で「わたくしという現象は仮定された有機交流電燈のひとつの青い照明です。あらゆる透明な幽霊の複合体」と述べている。「風景やみんなといっしょに、せはしくせはしく明滅しながら、いかにもたしかにともりつづける因果交流電燈の一つの青い照明です」と。

オリーブの木と影を思い起こす。

お互いに交流し、交換しながら存在しているというよりは、灯り続けている、確かにその都度その都度、立ちのぼる「わたくし」という現象なのである。結果、現象は潜象という世界を生み出しており、現象が生まれると同時に潜象も生まれるということなのだ。

結局、「イ」という極微の粒子が生まれたことで、直ちにハジマリの位置である「ヒ」の世界と繋がりをもち、ヒの次元を立ちのぼらせる。そして、この「イハ」は、「トハ」

という縦のラインで繋がれた世界へと繋いでいく。イハからトハへの方向性は、イハの繋がりを呼び水にして、トハという、縦のラインを引っ張り出してくる。カタカムナの中では、縦のラインをカムウツシ、潜象から関わってくるチャクラとしている。イハの発生を土台にカムからチカラを排出してくることが、潜象と現象という二つの世界を繋ぐことであり、定まることにも繋がる。

定まるとは、二つのモノの差があることで根を下ろすことだった。

イハトハニ　は、イハという場が生まれたことで、トハという二つ目の重なりがひき出され、イハとトハという二つのモノの差によって重なり、そのアワイからカミナリテが出てくる、ということを伝えている。

まるで花が枯れ、種が生まれることを表現しているようだ。咲き誇る花の時期が極まり、その中に種が生まれる。このタネの中には、見えないチカラと未来の可能性がひしめき合っている、ミクマリのようだとも言える。

ミクマリから全てが生まれる。タネから全てが生まれる。同じ仕組みを持っている。まさに、花という現象物が極まることで生まれた種には、極まった現象が映し出されているようである。ということになると、ミクマリでさえ、全く別の次元にミクマリ様として存在しているものではなく、この世界と色濃く通じ合い、この世界の極まりによって生み出されたものだと言える。

カムとカタはこのように繋がり合い、向かい合っているのだ。そして、イハというタネは、ヒフミと順に進み、ヨからイに向かう段階で、異種で異なる現象世界へと結ばれる。宮沢賢治がいう「わたくし」という現象が出来上がるように、現象と潜象という異種なモノ同士の差で、真新しい現象が生まれ出す。

これは、前述の「フトマニ」を詳しく語った言葉だと言える。出現したモノはカタである。カタが存続するのは生まれ続けるチカラがあるからだ。カタの中でチカラを受け取るのは、カムナの役割である。出てきたカは、カタカムナの中でミという実体になり、ミクマリの中でミが元になってどんどん芽は伸び、葉が出て、また花が咲く。つまり、カというチカラがミに変遷していく。

カミ働きによって、イハはトハの呼び水となり、イハトハニ　カミナリテするのである。「カミナリテ」は、つまり「神用き・カミハタラキ」とも言える。神なり、は「雷」とも読める。

カミナリ　テ――水と火の融合、命の発生

昔、宇宙には音はないと学校で学んだ。しかし、カタカムナ古代人には、地球が回っている音が聞こえたという。地球が回っている音とは、どんな音なのだろう。俄然、興味が湧いてくる。

カミナリテ・雷・神なり。そんなワードが脳の中に残ったまま、次の日の明け方を迎えた。目が覚めたのは、カーテンを通して稲光の閃光が激しく部屋の中を浮かび上がらせた瞬間だった。「雷かぁ」と思った瞬間に「雷」というワードがフツフツと気になってきた。「雷は、大気中で大量の正負の電荷分離が起こり放電する現象です。放電の際に発する音が雷鳴で、光が電光です」と辞書にある。これだけでわかったつもりになるが、よくよく考えると意味不明の言葉ばかりだ。

まず、大気ってなんだろう、と考える。「大気とは地球を取り巻いている気体のこと。大気が存在する範囲を大気圏《たいきけん》、その外側は宇宙空間という」と辞書にある。これは、原子

核の周りを取り巻いている電子雲とも相似形なのだろう。

「その中で、正負の電荷分離が起こる」とも書いてある。

「カタカムナを知るためには、これを理解するのが先決」と古山さんに言われて買った電気にまつわる本を開いた。それを見ると、なかなか面白いことが書かれていた。

「モノには電気を通す導体というものと、電気を通さない絶縁体というもの、そしてその二つの中間の性質を持つ半導体がある」

まるで、カタとカムとアマのようである。導体が電気を通す理由は、自由電子の数の多さに関係しているらしい。自由電子とは原子に束縛を受けない電子のことであり、原子核の周りで自由に飛び回っている。それが運び手になって物質の中へと電気を流しているようだ。

自由電子、これって「イ」の一種かも、と閃いた。

外れた（ソレタ）モノ同士が手を繋ぐ、テのようでもあり、マにヒビが入ってアウトブレイクし大量発生している粒子のようでもある。ちなみに、この記号を並べてみると、タマテになる（浦島太郎が持ち帰ったのは、玉手箱だった）。

カムから「タ」したヒビキでアウトブレイクしてできた「マ」が、正反という性質で外《そ》れて反対側と「テ」を繋いだ。玉手箱は向こうとこちらを結ぶ「カタカムナ」である。カタ側のハタラキが積まれたから、玉手箱から煙が出てきたのだろう。なんとも、このような物理が連想できて面白い。昔話の中には、カタカムナの素量がふんだんに織り込まれているように思う。

さて、プラスとマイナスはくっつく。だから、マイナスの性質を持つ自由電子は、プラスへ引っ張られるようにして移動していく。つまり、自由電子の数が多ければ多いほど電気は流れるのである。導体には自由電子の数が多い。電気を導く体を持っていることになる。導体の代表的なものは金だったり銀だったり銅だったりするらしい。これはオリンピックのメダルの色である。

スポーツマンシップに則り正々堂々と戦うのは、変化しやすい物を守り続けるためだろうか。逆に、留まっているものが、絶縁体だろうか。

「導体と異なり、電子が束縛され電気の運び手がいないものが絶縁体である」と書かれていた。やはり留まっている。なんだか孤独を感じる。代表選手はゴムとかガラスとかプラスチックに例えられる。これはカタと相似象だ。この絶縁体に限界以上のチカラをかけた時に、絶縁破壊が起きる。アウトブレイクである。

「物質の中にわずかにある自由電子を飛び出させることができる。雷も同じく、絶縁破壊の現象である。絶縁体である空気は、電気を通すことはないが、高電圧が加えられたことで、雲から地面へと電気が流れる。この時に電気が流れる方向は、導体と同じくマイナスからプラスの方向である」

雷は、電気の運び手が存在しない絶縁体の大気に強い圧力がかかることで、大気中に存在するわずかな自由電子を飛び出させる絶縁破壊なのである。

その自由電子はどこに存在していたのだろう。大気中にわずかに存在していると書かれているが、それがカムナの中にあるとしたら納得がいく。残りの半導体は、「導体の性質を持ちながら絶縁体の性質も兼ね備えている」と書かれている。これは全くアマのようだ。カムの性質を持ちながら、カタの性質も持ち合わせている。

「半導体は電気を光に交換し、光を電気に交換することができる」という文からは、変えるのではなく交換しているというトコロに、なんとなくカタカムナに通ずるモノを感じる。言い換えてみると、アマはカタをカムに交換し、カムをカタに交換することができるということだ。

導体・絶縁体・半導体。この難しい言葉、カタカムナのコトバに変換してみると、妙にわかった気になる。しかも、裾野が広がる。これらは、すべてミクマリから生まれた

「カ」の変遷物なのだ。

次の日の明け方。夢の中でも雷が鳴り響いた。多分、現実でも雷鳴が轟いていたのだろう。百三十五度斜め上から落ちてくるツブツブ。それは渦を巻いて落ちてくるが、その一粒一粒が雷鳴に呼応する。カタ側のヒビキによってもたらされるものだと、そのうち気が付いた。雷というヒビキによってもたらされたモノは一つ一つ着地しながら、微かな色を伴い、新たなヒビキを発する。その様子を見ていたら、だんだんとわかってきたことがあった。

ヒビキは、圧力を生むのかもしれない。雷の音で揺れるツブツブは、音の圧力で動かされているのだ。電気性のないモノに圧がかかって、ヒビが入ることでヒビキが出てくる。つまり、全てはあらゆるモノの元であるミクマリという世界に圧がかかって発生しているのだ。カタの世界で響く雷が、ミクマリに圧をかけている。そのヒビキは、放電させ、また新たな響きを生む。その時に生まれたのが稲光という光になる。響きからヒビキ、そしてまた、新たな響きの連鎖反応、循環、染み出し、染み付いているのだ。雷はやっぱり神なり、カミなりである。

その日の夜、テレビを見ていたら、雷と生命の関係を結びつける内容の番組が放映されていた。二〇二一年三月のニューズウィーク日本版に掲載された「生命は落雷から誕生した？　放電がDNAの必須要素を生成」という内容だった。アメリカ・シカゴ郊外に住む一家の裏庭に、強烈な落雷が起きた時、裏庭の土の中に何か普通ではない状態のモノが存在していたという。一家は「隕石が落ちた」と地元の大学の地質学部にすぐに電話をしたが、調べた結果、それは隕石ではなく、土が雷でフルグライトという鉱物になってできた跡だったのだそうだ。この跡のことを「足跡」としていたことに、少し納得した。

フルグライトという鉱物は確かに流通している。フルグライトは、人間の骨が燃えてもこんな形になるのではないかと想起させるような、黒茶色の木の根っこのような物体だ。あまり魅力的ではない感じがする鉱物であるが、一応クリスタルである。ただ、その大学で調査した結果、フルグライトの中に、シュライバーサイトという希少な鉱石が存在することがわかった。

シュライバーサイトは鉄とニッケルがリン化してできる鉱石で、水と反応することで環境中に様々なリン化合物を放出する。それも、奇妙な球形をしているのである。つまり、タマである。リンは生命にとってなくてはならない存在である。雷で大地の中に発生したシュライバーサイトは、環境の中の水と反応しリンを放出するのである。

生命の誕生には、年間十億から五十億回の雷が発生する必要があるという。四十億年前の地球上では、計算により年間約十億回の落雷が起きていたとわかっている。生命の発生に、カミナリテが関係している。

この流れには、シュライバーではなくサイハイバーが働いていることを感じずにはいられなかった。

カミナリテの本質的なものを、カタカムナ古代人は知っていたのだろうか。雷によって稲・イネに電気性のモノが関わることで豊作になるため、雷の光のことを稲光や稲妻ということから、なんとなく「雷＝生命を活性する」という方程式が私の中に成り立っていた。しかし、雷自体が土の中にフルグライトという鉱物を作り上げ、鉱物の中には水と反応することで生命を生み出すシュライバーサイトを発生させることは、本当に私を驚かせた。雷と水、つまり火と水の融合により生命は生まれるのか。またしても、カ・雷、ミ・水、ナリテ・鳴りて、である。しかも、シュライバーサイトは、球形をしているタマだという。タマ＝魂、勾玉。タするマと展開されていった。

魂という漢字は、タマシヒとしてタマの示しがヒビキになって生まれるという意味と、タマシイというタマの示しが極微粒子として出てくるという二つの意味がある。雷がタマシヒであれば、シュライバーサイトはタマシイである。もし、本当にカタカムナ古代人がこんなことまでわかっていたとしたら、彼らが捉えていた祀りや生活、生死もこのようなベースから考えた方が近くなる。

カミナリテ　カタカムナ　と続くこの歌は、カミナリテで生まれたリンが、生命というカタカムナを作り上げる元だというふうにも捉えられる。まさに、シュライバーサイトはカタカムナのカムナである。カミナリテ　カタカムナ。ストーンとこのコトバが入っていく。

リンの原子番号は十五番。元素記号はPである。なぜPかというと、ギリシャ語で「光を運ぶもの」という意味の「*phosphoros*」から命名されたのだとか。*phos* が「光」、*phoros* が「運ぶもの」を示している。

どんどん連鎖が繋がっていく。確か、ひとだまはリンが燃えているモノだ。リンの発火点は四十四度で、些細なことで発火するのである。だからリンは水中で保存されている。また、私が知っているのは白リンというらしいが、リンには黒や紫、赤もあるそうだ。そして何より驚いたのが、白リンの結晶は正四面体構造をしているらしいことだった。正四面体構造は、カタカムナのチカラの存在であると私は思っている。

ここら辺で一息つきたくなった。あまりにも性急に繋がりすぎて、しんどくなってきたのだ。畑の種々に目がいく。風が、緑を揺らしている。

ふと、土に目が逸れた。雷が落ちると土の中にフルグライトが生まれるという。土・ツチ、である。「あぁ、やっぱり」と心が響きだす。アメ・ツチ・ネ・ハジマリ。アメツチネ・天地音、始まり。

カタカムナ古代人が聞いていた地球が回っている音は、大地の音なのかもしれない。カタカムナ古代人、地球が単独で回っていると考えていない。地球を回しているチカラのヒビキは、大地に映し出されている。地球を回しているその音は、大地に響いているウツシというコトバも深める。現象と潜象を繋ぐチカラが大地に存在していると考えてみたら、上野原遺跡の祭りも、私が大好きな諏訪の御柱が大地に直交して立っているのも、東北でよく見られる環状列石の立柱《たてばしら》も、世界中に溢れている大地の祭りは、全て、繋がっている。なぜなら、大地で地球は繋がり続けているからだ。

海水によって大地は見えなくなるが、大地は地下を潜在させつつ、地上を繋いでいる。そして、この大地を覆っているのが、大気である。

変遷を意味する赤――ノの土の話

「雷の次は土かぁ」

そう思った瞬間に『天空の城ラピュタ』のある一節を思い出した。

「土から離れては、生きられないのよ」

王族の末裔であるシータが投げた言葉である。

人は、土から離れては生きていけない。脳が土を捉えたら、「イハトハニ」が「岩と土」に変遷した。「イハ　トハ　ニ」で区切るから思いつかなかったが、「イハ　ト　ハニ」で区切ると、「岩と土」になるのだ。日本の古代は土のことを「ハニ」と言っていた。しかも、日本書紀・古事記に並んで残されているのは「風土記」である。

「風と土の記し」。もう、土が頭から離れない。


古代、土には二つの種類が存在した。真土と野土である。マの土と、ノの土。今の言葉に直せば、黒い土と赤い土である。

黒い土は真土として農耕に関わり、ツチと呼ばれる。一方、赤い土は、土器や甕を作るためのハニと呼ばれる土である。このことからは、マからあらゆるモノが生まれるため農耕の黒土を真土とし、土器や甕など祭りに使われるための赤土を野・ノ土としたことが汲み取れる。「ノ」という音は、モノを変遷させる音である。

赤は緋色であり、ハジマリの位置に属する。「見えない」から「見える」に変遷した位置をヒフミのヒとしている。太陽が真っ赤に燃えるのは、太陽が見えない位置から見える位置に出てくる朝日であり、見えている位置から見えなくなる夕日の位置でもある。どちらも、変遷していく太陽は緋色をしており、ヒの背景には、変遷という循環があることを窺い知ることができる。

また、雷が落ちるのは、赤土が多いと聞いたことがある。雷の電気性は、大地の赤、つまり鉄分に引っ張られるのだと。そのことから、奈良の宇陀に「赤い土」を求めて迷い込んだことが何度もある。あそこには水銀朱という独特の赤土に覆われた大地が存在するのだ。

また、私の思考は赤土に戻されている。古代史研究の始まりは赤土だったのだ。水銀を重用した古代人の意識を探るために、奈良の宇陀にはどれだけ足を運んだかわからない。それだけ、その場に私の足跡をつけてきた。この足跡が私をここまで導き、忘れかけていた赤土を思い出すきっかけをくれたのだ。残した足跡が浮かび上がってくる。イハトハニ、岩と埴。なんとなくそんなことを感じつつ、カタカムナな思考から外れた。

カタカムナ　ヨソヤコト——真新しいモノの発生

その日の夜、夢で見た光景は格別だった。

土や雷のことを考えたからだろうか。小さな隙間に隠れながら、天井から落ちてくるツブツブを見ている夢だった。ツブツブが大地に落ちるたびにとても大きなヒビキを伴い、それらはいろんな色や形に飛び散り、それはそれは綺麗だった。現象側にいる私がいつも聴いている音ではなくて、落ちる瞬間にオトを発しているような、音がないオトというのだろうか、周りに広がっていく音ではなく、まるで音のないスローモーション画像を見ているようなオトなのである。どちらかというと、空間には静けさが広がっているのに、とても大きな響きを放っている様子だった。矛盾だらけだけど、そこにいると、それが不思議ではないのだ。

夢の中ではいつも、何かを探しているようで、探していない。そんな感じがしていて、自分は何も知らないという無知の感覚が襲ってくるが、どう考えてもそこでの私は大人の思考を持っていた。全てが真新しく不思議で、まるで赤ちゃんが初めて見る世界のようなのに、私は大人なのである。整合性も繋がりもない世界に存在していた。そのツブツブが重なり合う時には、何か沈んだような感覚と、熱さを感じる。静かに熱い。自分のすぐ近くでツブツブが重なり合った時には、思わず「あっつ」と声が出そうになるけど、どうやら降ってくる上にいる存在には見つかってはならないようで、その場にいる滞留時間を上にいる見えない誰かと競い合っているようなのである。重なり合ったツブツブたちは、とても大きな響きを伴っていて、重なり合う前のツブツブが地上に落ちる時には、ふわふわひらひらと健やかにそっと落ちていく。

「雷・カミナリになるのは、重なり合ったものたちなのか」

重なった時に大きな響きを生み、ヒビが入る。タして出ていくのは、重なっているから。ささやかな響きと大きな響き。重ならないモノと、重なったモノ。アワヒがこの世界にある。この合間の世界に、全てが存在している。

ツブツブに混じって、ヒラヒラと文字が書かれたものが落ちてきた。そこにはという記号が書いてある。

「カタの音は四十八音だが、カムナの音はもっとある」

はっとそこで目が覚めた。不思議に疲れ果てて、安心した場所から放り出された気分を味わっていた。カタの世界に戻ってくるのに少し時間がかかった。

夢を見てから改めて、カミナリテの後のフルヤマ解説を読んでみた。

イ・現象界の極微粒子・動きの因子の重合によってカがミ・現象界でのあらゆるハタラキになるのがカタカムナである。この現象をヨソヤコト・四十八のコトバにホグシてウタに示します。

ツブツブと落ちてきているのは極微粒子で、動きが重なり合うことで、現象での働きになる。これは、重なったツブツブが大きな響きを発していることと繋がっていく。それらがカタカムナという世界を作り出し、そのカタカムナは四十八のコトバにホグシて示されている。

四十八　ヨソヤコトである。よく原文の記号を見てみると、四十八ではなく、「ヨでソれてヤコト」と書いてあることに気づく。これを今まで四十八《ヨソヤ》と、読んできたけれど、正しくは、ヨで外れて八まで進むことをヨソヤとカタカムナ古代人は言っているのではないかと思い始めた。

ヨとはこの世、あの世の世である。ヨのことを、トキのマリと宇野多美恵さんは何度も書かれている。トキのマリが生まれたら、真新しい次元が立ち上がる。生まれるのはプラスとプラス、マイナスとマイナスが重なって、反発して出てくるものである。

重なり合ったものは、ソれることで次に重なり合うものを引き出す。

まるで人生のようであり、メビウスの輪を回っているように思える。もっと砕けていえば、クロールで泳いでいる動きによく似ている。右手で水を掻いたかと思えば、左手が前に出て水を掻きはじめる。右手が後ろに後退した頃に、左手が前に出て、次へ次へと進んでいく。ヒフミヨと腰の辺りで右手はそれて、それたと同時に、左手が前に出ていく。左手が腰の辺りでそれた頃に、右手が前に出るそれを支えているのが、潜んでいる足である。足はバタバタと上下に振り下ろすが、これもまた、右が上に行ったら、左が下に下がるのである。そのようにして、泳いでいる人はコトコトと前に進んでいく。まさに、ヨソヤコトである。

これは、四十八というコトバにほぐして、ウタに示したということもあるだろう。

また、ヒフミヨという四つがまとまることで、トキトコロが生まれ、チカラは現象に出てきて、そして、また次の四つがまとまることで真新しいモノが生まれることを示しているのではないかと思えてきた。第一首から第四首までが一つのマトマリ、それが土台となってそれて、第五首から第八首まで進んでいく。極まり、チカラが足されると圧が生まれるのだ。その圧が反転を起こし、今までにない新しい次元へのハジマリが生まれる。

古山さんは、「カタカムナ上古代人が作った歌は六十四首。残りの十六首は後代の人が作り差し込んだものである」と言っていた。六十四首は、八つのまとまりが八つ。八×八は六十四である。まさに「ヤタノカ　カミ」である。

通称ヤタノカカミの中心図象の小円は八つある。スマートフォンの画面を拡大するように広げると、その八つの小円もヤタノカカミになっている。フラクタルである。八つの小円に、さらに八つの小円。結果、一つのまとまりは六十四の小円を大円が繋いでいることになる。カタカムナ図象、いわゆるヤタノカカミ図象が、観覧車のように回りながら、観覧車についているゴンドラも回転しているようなイメージが浮かんでくる。この回転方法は、ヨソヤコトである。

ヨのマトマリでトキトコロが生まれて、潜象の場をそれて、現象でヤまで進む。「ヒフミヨ」と「イムナヤ」という二つの世界が正反となって繋がり多種多様性の世界を生んでいるのだ。

二周で一周。二日で一巡り。左手と右手、左足と右足。二人で一つ。この世の中はペア性を持っている。昨日は今日と繋がり、今日は明日と繋がる。順送りであり、次へと繋がり続けていく。コという記号が、ヤとヒの小円を繋いでいるのも納得する。大円周を描きながら、次へ次へと進んでいく。太陽の周りを回る地球も、螺旋を描きながら、次へ次へと進んでいるのである。宇宙の中で、同じ位置に戻ってくるものはないだろう。だって、太陽系の星々は、天の川銀河の中心を大きな周期で旋回しているのだから。

最後の「ウタ」とは、単なる歌ではない。重なり合ったモノたちが、音のない響きを生みながら、熱く沈んで圧力で押し出されることを映し出すのだ。

雲の中から、圧力で押し出された雷は、歌である。大量に発生した雷が大地に染み込み生まれたフルグライトの中で小さな球が出来上がった時、その球は大きなヒビキを発したのだろうか。

ヒビキは空間中の水と反応し、リンを大地に放出していく。それらは、消えてなくなり、なくなっては生まれ、幾らかのトキトコロを重ねた頃にこの地上に命が生まれる。

人間の赤ちゃんも、それはそれは、大きな声で響きを上げて生まれてくる。

赤ちゃんの、産声は歌なのだ。

イハトハニ　カミナリテ　カタカムナ　である。

カタカムナの根拠　カミナリテ

地球が生まれて、四十八億年。生命が誕生して三十五億年。今、この地上にあるすべてのモノの中にあるカムナは、四十八億年間、ヨソヤのトキトコロが重なり保ち続けている。そして、地上にあるすべてのイノチには、三十五億年のトキトコロが重なっている。その元が、カミナリテからスタートしているとしたら、この歌は生命の発生を謳っているものだと捉えることができる。全てのイノチの元にある「カミナリテ　カタカムナ」を感受したら、カタカムナ人のコトバが歌になって聞こえてくる。雷・神なり、どちらも同じ音である。

カタカムナでは、カミナリテはカがミになる場、二つの世界を繋ぐ場としている。ナリテは、カがミになる場ということになる。つまりそれが、マであり、アヒダである。そこには、ハジマリのチカラの存在があり、全てを始める場が存在する。つまり、この世にあるすべてのものは「カタカムナ」であるが、カタカムナになった根拠が「カミナリテ」なのである。

古代人はこの「あいだ・アヒダ・ムスビ」の部分をとても大切にしていたように思う。

前述の小倉紀蔵さんが書かれた『新しい論語』の中にこんな記述がある。

「日本のアニミズムを考えていただきたい。八百万の神とはどういう意味だろうか。

(中略)

森羅万象の全てが神だと言っているのではない。同じ石でも、カミとしてあがめられる石と、そうでなく何の価値もないとされ粗雑にあつかわれる石もある。つまり、同じ石でもカミである石と、そうでない石がある。」

カミである石とそうでない石の違いは、そこに住まう人々が、何らかのイノチの発生を感じとることができた石と、感じとることができない石という違いだと書かれている。誰かが、「この石には何かがある、その何かを言葉にすることはできないが、他の石とは違う何かがある石である」と言い、その村の他の人たちも、「この石には何かがあるような気がする」と言い出したら、その石はカミになるのである。石神の誕生である。間違いなくその石には、マが存在しているのである。マはカミナリテを発生し続ける。カというチカラがミという実体を持ち、繰り返し分離と統合を生み出すのである。

そして、長いトキトコロを重ねて、その石にカミナリテを感じ続け、ヒビキを送り続けた人々たちはその石を大切に守り、その石に心からの思いを傾け、祈り、感謝する。そんなイシキを積み上げ続けた時、その石は「カミナリテ　カタカムナ」となるのである。アワヒであるマを作り上げているのは、そういう人々の意識である。

人々の意識がヒビキとなって、マをマツリあげ、ヒビキは極を作り磁石となる。そして正反性のモノを惹きつけ、同種のモノを引き離すように押し出していく。願いが叶う、叶わない、祈りが届く、届かないという違いは、こうして生まれた磁石によって抽き出されたか、抽き出されなかったかによって変化するのだ。どちらにしても、カタ側の意識が、マに到達し、作用しているということになる。そこから、四十八というカタの音が生まれ出ている。

「カタの音は四十八だが、カムナの音はもっとある」

繋ぎ目の部分・マには、もっとたくさんの数えきれないヒビキが存在しているのである。この数えきれないヒビキは、背景にある言葉にならない何かを表しているのだ。

日本語には、この背景にあるヒビキを含んだ言葉がたくさん存在している。

「誰に感謝してるのだっけ？」「なんでそういうのだっけ？」と思ってしまうけれど、わかりきって使っている日本語は非常に多い。

例えば「ありがたい」「おかげさまで」「石の上にも三年」「三度目の正直」「良い花は後から」「笑う門には福来る」など。よく考えたら、なんの根拠もない、なぜこのように言うのかもわからない言葉なのに、私たちはなんとなく使っている。言われた方も、なんとなくそのように受け取ることができる言葉たちだ。

多くの人々の言葉はヒビキとなりアウトブレイクしていく。そして、言葉にチカラが備わっていくのである。カタカムナ古代人は、マにある理という性質を熟知していたのだろう。その性質を知った上で「ありがたい」「おかげさまで」「石の上にも三年」「三度目の正直」という言葉を醸し出してきたのだ。

マには、さまざまな性質があり、その性質がこの世を作っている。つまり、マのことがわかれば、ある意味、現象の根拠が捉えられるようになるのだ。

カミナリテは、どこか遠いところにあるわけではない。神という存在は、私たちの意識が生み出したマのチカラだ。たった一度では届かないかもしれない。でも、何度も何万回も意識したことは、必ずマの場でカミナリテ　カタカムナと変遷していく。万回は満開に通じる。

〈フルヤマ解説〉

イ・現象界の極微粒子・動きの因子の重合によってカがミ・現象界でのあらゆるハタラキになるのがカタカムナでありこの現象をヨソヤコト・四十八のコトバにホグシてウタに示します。

第五首

マワリテメクル、イマの本質、イノリの仕組み、アウノスベ(重合の術)!

ヒフミヨイ——循環するには順番がある

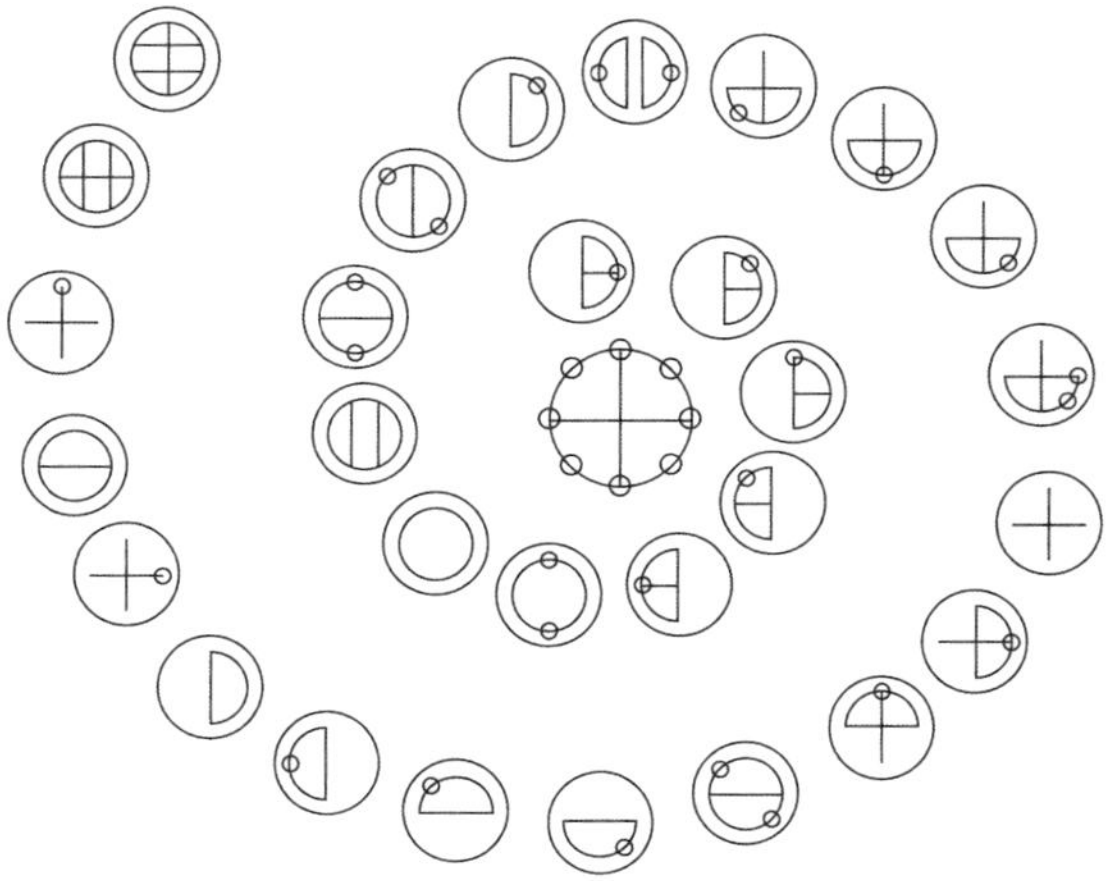

ヒフミヨイ　マワリテメクル　ムナヤコ
ト　アウノスヘシレ　カタチサキ

中心図象
カタカムナ図象

今日も一日、カタカムナに触れて、頭がフツフツとしている。

なぜ、フツフツとしているのかといえば、「どうしてこうも単純じゃないのだろう、カタカムナは…」と思い始めたからだ。第五首。いよいよ、カタカムナの王道、四十八音の解説に入ったばかりであったのに、どうも解せない。ワクワクして向かい合ったはずが、モヤモヤでいっぱいになった。「ヒフミヨイ　マワリテメクル　ムナヤコト」という言葉に大いに引っかかったのだ。

「ヒフミヨイ　ムナヤコト」とはヒトツ　フタツ　ミツ　ヨツ　イツ　ムツ　ナナツ　ヤツ　ココノツ　トオという数を表す言葉だ。カというチカラがどのようにして出てきたのかを表しているモノだとされている。ヤタノカカミはそれを示している記号である。

だが私は、かつて夢の中で、ヤタノカカミの本質は「循環するには順番がある」ということを伝えられている。これは、数を数えるモノでありながら、本質的には順番を示しているモノという意味だ。モノが発生する順番を示している型なのである。ヒフミヨイムナヤコトは、カタチを持つための順番が型として示されており、あらゆる物が、この順番で発生していることを伝えているのである。

何かがすんなり理解できない。

なぜ、「ヒフミヨイ」の後に「マワリテメクル」が挟まっているのか。挟まっているというか、その位置で「ヒフミヨイ　ムナヤコト」を二つに分けているのか。第四首で、ヨソヤは、ヒフミヨとイムナヤに分けたじゃないか。百歩譲って分けたとしても、なぜにイとムの間に、ヨソヤではなく、マワリテメクルが埋もれていくのか。謎だ。これが、モノが生まれるプロセスを説明したウタヒであるわけだから、その誤差を尚更、知りたくなる。

ヒフミヨイを古山さんは、次のように説明していた。

カからヒが出てフタツ対となりミとなってヨとなってイがあらわれる。順番に言っただけです。エネルギーから渦が発生し実体の時空間を作り、その中を電磁波が飛び交っていると説明します。

実体の時空間。これは、つまりマである。

その中を電磁波が飛び交っていると言っているが、これをもっと砕いて言えば意識とも言える。同じ石でもカミである石と、そうでない石にした人々の意識が飛び交っているとも捉えることができる。意識が電磁波として肉体から飛び出したモノが祈りや願い。それらは、時空間というマに飛び交っているようにも受け取れる。

私たちの体もマなので、体の中にも電磁波は飛び交っている。肉体の中のマの電磁波の渦がまとまれば、新しい時空が生まれることを意味している。イノチはイノリを生み出す。私の脳が、マワリテメグリしだした。

「電磁波って、そもそも何だろう？」という疑問が浮かんだ。

「電流や磁気の方向や強さが変化すると、電界と磁界が互いに影響し、遠くに波のように伝わる現象が発生します。この波を電磁波といい、波の伝わる場所を電磁界と言います。電磁波は、波長（あるいは周波数）に応じてさまざまな種類があります」

本には、電流・磁気・電磁波・波・波長・周波数と、今まで何となく使っていた言葉が羅列されている。これ、全部が繋がっているのだろうか？

電磁波をおおまかにまとめてみると、この空間の中で伝わっているエネルギーの波のことだと理解できた。つまり、視える世界のことだと言える。

太陽の光も電磁波だとある。確かに、日焼けしすぎると皮膚は焼けて皮が捲《めく》れてしまう。体に悪いと言えば、悪い。が、太陽の光に当たることで得られるビタミンもある。良し悪しはいつも均衡する。

「電界とはプラスとマイナスがくっつくような現象が起こる空間のことである」
雲で分離したマイナスの電子が、地上のプラスの電子へと降りていくイラストが差し込まれている。なるほど、雷は電界で起きる現象なのだ。電磁波とは、この二つが交互に発生して波のようになっていることを言っているらしい。電の世界と、磁の世界は交互に交換しあい互換していて、それが波になっているのだ。この波の大きさが細かくなったら体に入ってしまうから良くないし、大きければ大きいで良くないのだろうが、今はそういうことではない。ヒフミヨイになったらエネルギーから渦が発生し、実体の時空間を作り、その時空中を電磁波が飛び交っているという言葉の理解を深めている方向に戻す。

ようやくうっすらと、何となくわかってきた。ヒフミヨイのイの状態になったからこそ、電磁波となれるのだ。イは現象界に出た極微粒子であり、電気性を帯びたものである。一般的な物理や科学では否定されるだろうが、出てきたものが電気性を帯びているのは、カタとカムが交換しあっているからである。瞬時にカタとカムが、電界と磁界のようにクルクルと入れ替わり続けているから電気性を帯びているのだ。電気性を帯びた微粒子が出てくれば、マワリテメクルする。だから、ヒフミヨイの後にマワリテメクルが出てくるのか。

これはまだ、何となくの理解である。

カからヒが出てフタツ対となりミとなってヨとなってイがあらわれる。

この言葉からわかるのは、イは、この段階の最終章であるということだ。つまり、現象の視える位置に生まれたのが極微粒子で、電気性を帯びたもの。それが、マワリテメクルするうちに、現象になっていく。

マワリテメクル、大きなイゴキである。

マワリテメクルとは「周期性」であると教えられた。

地球は、太陽の周りを一回転するのに一年という長い周期をもちながら、一日という短い周期を動いている。つまり、夜と昼を交互に転換している。この長期周期と短期周期を繰り返しながらマワリ続けているのだ。その長期周期と短期周期が合体し、リズムを刻みながら変遷している。

その地球上で、全てのものは変わり続けている。

ここにも、マがある。長期と短期の周期を重ねた部分が「イマ」であり、重ねられた部分がマである。マは、現象界の中に存在する全てを発動させる時空間なのである。私たちのイマは、いつもそこにある。

一日が終わり、一日が始まる。終わりという瞬間と始まりという瞬間は重なって「マ」となる。私が夢の中で辿り着くあの世界は、「マ」そのモノなのだろう。

ある時、一日の終わりと一日の始まりは、どんなふうに重なり、どんな感じなのかを捉えようとしたことがある。理論的に、零時にそれが存在するのだと考えて、二十四時と零時の間・マを摑もうと待ち構えていた。でも、なかなかそこには、私が夢の中で感じる「マ」は存在しなかった。何度も零時を迎え、摑めないまま眠ると、とんでもない夢を見る。家の中を走ってくる車が、家の中で二回ほどUターンを繰り返し、クルクルクルクルクル回り続けている夢を見たり、また、ある時には、朝起きると「何をしてきたかの中に、何をするのかはある」と書かれていたりすることもあった。何かクルクルマワリしている感じから抜けられない日々が続いていたのだ。

しかし、ある時、夕焼けを見ていたら、夢の中で感じた「マ」を捉えた感覚がやってくる瞬間があった。ツブツブが上から降ってきて地上に積もっていく感覚が、夕日のツブツブが前からフワフワとやってきて部屋の中の物に浸透していく感覚と重なった。でも、この光は、同時に地球上の別の場では、朝日の光である。つまり、この太陽の光は、夕日でもあり、朝日でもあるのだ。

向こう側と繋ぎ、こちら側を反転させる位置は、クルクルと異世界同士を結びながら、回転させる。そこには、ハジマリのヒが生まれる。

ヒという記号の小円は、向こう側とこちら側を重ね繋ぐ位置に存在していることに気がついた。

朝日だと思う光は、どこかでは夕日になり、夕日である光はどこかでは朝日なのである。この夕日を見て、手を合わせている人がきっといる。私は、この夕日に向かうことで、その人々とイノチの発生を交わしているのではないかと思えてきた。

「ヒフミヨイ」は、そんな人々との交換であり、立ちのぼるイノチの発生でもある。

周期性・マワリテメクル

この世界の全てには、何事にも、周期が存在している。

私たちは、短い周期だけに心を奪われてしまう傾向があるが、とてつもなく長い周期が存在していることをカタカムナ古代人は伝えている。

このリズムは相似形で立ち現れる。地球が太陽の周りを一回りしている一年というリズムを短期周期と捉えると、太陽系が天の川銀河の周りを回っているリズムが長期周期となる。その長期の周期は二億年以上である。宇宙のスケールはなんと大きいことだろう。その間、何度も太陽は自転を繰り返していく。

長い周期から見れば、私たちの一日などは、ほんの極微粒子である。だが、ヒフミヨイマワリテメクルは、この細かな極微粒子が、さらに大きなものを作り上げる元であり、その小さな動きが実はとても大きなチカラを持っていることを伝えているコトバである。

ほんの一日という今日は、実は二億年以上のスケールを作り上げる元になっている。また、ほんの一日だが、実はその中に二億年以上の時を保っているのだ。

自分たちがいなくなった世界でも、この平安な状態が続くようにと、イマに祈りを捧げて生きていた人々が日本人である。イマの本質、イノリの仕組みを知り、実際にこの世界を作り上げてきたのが私たちの祖先である。マワリテメクルする働きによって、実に二億年以上先までも永続することを知っていたのが我が祖先なのである。

仏教の中には、七代前の先祖が成したことが今に展開され、今は七代先の子孫に展開するというコトバがある。遥かなトキトコロがこの大地には存在し続けてきたのだ。

なぜ、七世代前、七世代先なのか。その理が自然界に残されている。それを感受させ続ける大地が、ここ日本の土地には存在してきたのである。

七文字に意味がある

七文字にも意味があります。何回も、何回もです。「ムナヤコト」五文字で実体の物質が現れる手前で、何兆回も発現するための極限までエネルギーの渦が注入され続けると…です。

これは、自然界にはナナヨツギという自然の周期があるということである。大地の記憶は七という周期でマワリとメグリを続けているのだ。

その周期が日本のお祝いやお悔やみの中にも存在する。お七夜・七五三・初七日、四十九日。仏教には、七世代前七世代後。人の性質には、七癖など。一週間も七日であり、チャクラも七つで回っている。七という数字には循環性を表す傾向がある。マワリテメクルも七文字である。マワリテメクルしているものは、循環しているのである。

昔、沖縄のユタさんに久高島を案内していただいたことがある。ある御嶽《うたき》に来た時、「今の自分があるのは七世代前の人が祈ってくれたから。だから、ここでは七世代後の人のために祈ってください」と言われた。あの時、この命は何代も連綿と続く命が繋がり続けた結果あるのだと、神妙さに襲われたのを覚えている。

循環があることを七で置き換えているのは、ヒフミヨイムナヤコトと進んでいく、ナの部分に根拠があるからだと古山さんは言っていた。

何回も何回も繰り返し、エネルギーが注入され続けると、渦となり極まってカタになる。ヤまで進むその手前のナの部分で繰り返して来たチカラは、正反対向、イマとは違う異質なものと繋がり、エネルギーの渦が発生し回転し続ける。電界が磁界と繋がり渦を発生するように、ナの位置で、流れを生むのだ。

海の波も止まってしまったら、全てのものは死に絶えるのだろう。逆に、全てのものが死に絶え、風さえもなくなったら、海の波は止まってしまうのかもしれない。どちらにしても、全ては交換しつつ、互換しながら存在し続けている。今日の一日は、未来の一日と交換される。未来も過去も全てイマの中に集約されている。

イマがなくなれば、未来も過去も全てなくなってしまうのだ。一日一日の淡々とした短い時間の積み上げは、長いトキトコロを持つ宇宙の星々の煌《きら》めきに繋がっていく。悠久の時の繋がりは、実は今の中に集約されながら、今の時間を悠久の時の中に広げているのである。全てのモノたちは、トキの中で繋がり続ける。

無意識と呼ばれる意識は、そのトキの中に存在するのではないか。個々の中にある意識は、全体と繋がる無意識と正反性を持って存在している。孔子が言う「仁」の、二人の人間が向かい合うことでも立ち現れるが、カタカムナでは人間一人、自分の中にあるカムナという無意識と向かい合っても立ち現れる。カムという無意識と、カタという意識、そして二つを向かい合わせようとするチカラが充満するアマ。アマは、そのマの中で、意識と無意識を結び向かい合わせる働きをするのだ。こんなふうに、カムとアマとカタは結び合い、今、この時を立ち現している。

ヒビキは増幅し、在・アるへ変遷させる

よく見ると、カタカナのムをひっくり返すとマになる。ヒをひっくり返すとカになり、ツをひっくり返すとシになっていく。ケもひっくり返してみるとスと似ている。ヤとヌとスは斜めの棒がだんだんと引っ込んでいくし、フとラはフの横棒の上に一本足すとラになる。アとマは斜めの線の回る方向が違うし、ミが繋がれるとヨになるし、ヨから一本横棒が減るとユになる。キとサも仲間だし、ソとンも仲間である。ナは十字架にも似ていて、くるくると回っているように見えてくる。

ムは、マの反転領域である。つまり、ムという文字は、マが反転しているモノだと表しているのだ。

子供心でカタカナで遊んでみると面白い発見がある。カタカナで日記を書くと、まるで宇宙人の書いた手紙のように見えてくる。

第一首のところで、カタが出てきたら、カムは潜んでいくとお伝えした。ムで立体化し

た時に、チカラは潜んでカムナが生まれる。これまであったモノが奥に潜むのは、新しい世界が表に出たトキである。片方だけを述べているが、実はその反対側で起きていることも考えさせられているのだ。

ムはよく立体化すると訳されるが、その理は、立体化することで、その中に入り込んでいく過去となった今が核になったことを伝えている。どこまでも二重螺旋である。

一方、ナは繋がるから波になる。ヤは極まる。

極まるとは、元になるということである。極まり、ギリギリの状態に達するということでもある。これを宇野多美恵さんは、「飽和安定極限循環」と言っていた。果てて尽きるのではなく、次の循環を生み出す大きな元になるという意味だ。極微粒子がムナヤと波を生み、極まっていく。

九つであるコは、ステージを変えるために、これまでのボーダーを超えるのである。そしてトは次の段階へと統合、スライドする。

例えば、一分は六十秒だけれど、五十九秒から六十秒にはならず、五十九秒から一分にステップアップする。一時間は六十分だけれど、五十九分から六十分にはならず、一時間となる。秒から分、分から時間へと、ステージがスライドするのだ。

お風呂に入っていたら鏡が湯気で曇っていた。鏡に指で書いていく。

1　2　3　4　5　6　7　8　9
10　11　12　13　14　15　16　17　18
19　20　21　22　23　24　25　26　27
28　29　30　31　32　33　34　35　36
37　38　39　40　41　42　43　44　45
46　…

二桁のそれぞれの数字を足して一桁にすると、あるいはどんな桁になっても同じようにすると、１　２　３　４　５　６　７　８　９　に集約されていく。「ヒフミヨイムナヤコ」で、マワリテメクルしている。

かつて、カタカムナの先生が教えてくれたことがある。

「カタカムナは数の物理です。それはカツであり、カ・チカラのツ・どのようにして現れるかの物理なのです。日本の古代のカツは一つ・二つ・三つ・四つ・五つ・六つ・七つ・

八つ・九つという九個しか存在しません」

　この言葉が私をカタカムナに夢中にさせた。

　数学は嫌いだった。方程式が難しくなってくると英語が出てくる。あの辺りから、本当に何をやっているのかがわからなくなっていった。でも、カタカムナの数学は面白かった。全て、日本語で語られていく。その上、生き方に繋がっていく。

「ヒフミヨイ　ムナヤコト」

　これも私たちが生きていく中で、大切な理を唱えている。一つのモノともう一つのモノが向かい合い、重なり合うだけで、三つ目のモノが生まれてくる。

　丸と丸が重なると、生まれるのは、あのレモン型の土器である。レモン型の土器の上下には二つの丸が重なった部分が生まれる。そこに小円を描けば、マという記号になる。ヒフミヨで発生するのは、このマである。

　マには、二つの小さな小円で、表される極が存在している。それを時空としたら、マでは時空が一体化していることになる。

　何かを願うとき、願いをヒビキにすると、自分と願いが向かい合う。その時に生まれるのが、レモン型をした立ちのぼるイノチの種である。ここには、二つの極をもつかなり明確な意識が必要になる。何度も繰り返し、意識と願いを向かい合わせ、何度も繰り返し、その意識が本当に自分のものであるのかを確かめる。

何度も何度も、私は、知りたいと願った。カタカムナの中に存在する古代人の息を感じたいと願った。だから、何度も何度も、願いを肉体に響かせた。響かせることによって、肉体の中に祈りを封じ込めたのである。

封じ込めた思いは、表に出ようとしつつ、内側で更なる向こう側と繋がり始める。カムナの存在が極まっていく。極まれば極まるほど、領域は広がり、他にも点在していた極まりきらなかったモノたちとヒビキ合う。

波が生まれ、極まれば次の段階へとスライドする。捲れ上がるのである。ついに現象の粒子として、願いは重なっていく。

そして、アの扉が展く。アは潜象と現象を結んでいる「ヒ」を確かなものとして、十字を炙《あぶ》り出し、確実なトキトコロの存在を表し出す。チカラはヒビキになり、そして在・アるへと変遷させていく。

アは現象の始まりなのである。足跡の発生へと向かうのだ。

アウノスベシレ――運命を創造する術

続く、アウノスベシレを古山さんはなんと言っているか。

「アウノスヘシレ」七文字で超高速で点滅する実体となり（消えるときは実体ではない）実体同士が互いに交換しあって重なり合って方向性をもって特定の質量が定まる。

この文章からいくと、点滅とは消えることを示していない。消えたり点いたりを繰り返して、消える状態と点いている状態が重合していると述べている。消える、いわゆるカムという実体と、点いているというカタの実体とが、交換しあって重なり合って、現象へと、または潜象へと明確な方向性を持つ。明確な方向性が生まれると、実体は定まるのである。オリーブの木の光と影が関わり合い交換していたように、見えるものと見えないもののどちらかが実体として交換しているのである。

また、私は実体という言葉に惑わされてしまっていた。実体とは、どちらもが実体なのである。何となく見えない世界に実体があると感じてしまうが、それは、私が現象界に存在するからそう感じるのである。どちらの世界にとっても相手側は実体なのである。「その実体同士の重合の術を知りなさい」と第五首は言っている。

何度も繰り返すが、私たちは、現象のことしか知り得ないと思い込んでいる。けれども、カタという私たちに見えているモノの中に、見えないモノが重なっているから、その中にカムを見ることは可能なのである。雨の本質は雲であり、雲の本質は蒸発した水分である。上へ上へと昇っていけば、必ず道理は循環していることを知らされる。元に戻ってくる。全ての本質は、変遷し続けているマノスベであり、そのマノスベの場を摑もうとしたら、マを捉えなければならない。時空が存在するマを、である。

でも、このマはどんどん遷り変わっていくので捉えることはできない。水蒸気が雲に変わる瞬間、雲が雨に変わる瞬間など捉えることはできないように。だから、マワリテメクルというリズムで捉えなさいというのである。それがアウノスベ、重合の術なのだ。

アウノスベには何回も繰り返されているリズムがある。ヒとヒが出会い、何万回も重なり合いながらカタチをなしていく。その瞬間の姿を私たちは見ることができない。しかし、途方もないぐらいに繰り返されているリズムを捉えることはできる。見えるものと見えないものが重なり合っているアウノスベというリズムはこの世界に存在している全てのものにインプットされている。

カムはカタになり、カタはカムになる。捉えられるのは、ヒビキアウ、マノスベである。マワリテメクルするモノたちは全てアウノスベし、その中にリズムを携えているのだ。

地球にも月にも太陽にも太陽系の惑星にも、その中に生まれ出ている山にも木にも川にも植物にも動物にも、あらゆるものにリズムがあり、周期がある。自分の中にもそのリズムは存在する。そのリズムを知りなさいという意味も重ね合わされている。この世の元であるマを捉えることは、自分の中のリズムを捉えることであり、アウノスベシレとは、そのリズムを自然と共振、共調させることなのだ。

あれほど古山さんに「捉えようとしちゃいけない。本質はどんどん変遷していくのだから」と言われたのに、また捉えようとしている。懲りない性質は私の専売特許である。今は、その言葉をしっかりと携えて、変遷しているリズムを感受したいと思いだしたのだ。

新たに出会うこと、重合することで、新たな術・スベというリズムは生まれる。つまり、それは潜象と現象のことだけではない。誰かと会う、どこかに行って新しい景色を目に映す、映画を見る、舞台を見る、絵を見る、音楽を聞く、美味しいものを食べるなど、非日常から日常のあらゆる部分で起きている出会いなども「スベ」を生んでいるのだ。その中に、ほんの些細な瞬間のチカラのやり取り、つまり、マワリテメクリアウことで、未来はどんどん変遷していく。この世の中には留まっているものもなければ、留まっている未来もないのである。新しいモノとの出会いで、常に新しい人生への組み替えが起きるのだ。

私も、「カタカムナ文献」というものに出会ったことで、それまでの人生から大きくソれていった。淡々と学ぶという小さなリズムで、それなりに方向性が定まり、こうして原稿を書いている今がある。数年前の自分には全く予想だにできなかったことである。

アウノスベとは、目の網膜に映る、肌で感じる、耳に届く、味を感じる、心に届くなども含めて、全て合う・アウしているということになる。過去にはなかった真新しいものとアウすることで、大きく人は変遷する。運命や宿命さえ持たされた固定概念であり、瞬間的に方向性が変遷すれば、これまで決めてきたルートからは外れてしまう。その結果、今度は逆に、運命や宿命を創造しながら生きていけるようになる。「アウノスベシレ」が伝えていることの一つは、この瞬間に目にするモノで私を変遷させていくということである。

誰かに言われた未来や、誰かに求められた運命も、「アウノスベ」しているのは自分である。その筋道からそれてしまえば、全く違う未来が今になるのだと言っているように、カタカムナ古代人が笑って伝えているように思えてきた。
これまでの概念からソれた瞬間に、全てのものは、カタチサキしていく。

カタチサキ──すべての見えるものは、見えないものにさわっている

カタは、どんどん枝分かれしていく。変遷に次ぐ変遷によって、分化し拡大していく。細分化されたものは、さらに枝分かれし、どんどんと広大な場を埋め尽くしていく。細分化されたモノで、この世界は溢れかえっていく。ありとあらゆる情報に満ち溢れ、何が真実で何が真実ではないのかわからなくなってしまっているのが現代である。けれど、それでいいのだ。さまざまなことが多様性に満ち、何が真実で何が真実でないのかわからない世界に存在していることが、真実である。多様性に満ちているということは、大きなエネルギーに包まれていることにもなる。細分化されることで面は増え、切り離されたモノと接している部分も多くなる。

全てが存在する世界がここであるとカタカムナは伝え続けている。マワリテメクル。メクリ続けていけば、ページは増えていくのだから。

昔、『海獣の子供』というアニメ映画のスピンオフ版『トゥレップ～「海獣の子供」を探して～』を見たことがある。人生でこれほどに心惹かれた映画はない。生物学者や海洋学者、人類学者や理論物理学者がそれぞれの立場で、それぞれのタイトルを語るのである。その中で、宇宙というタイトルを語ったのが、佐治晴夫さんだった。

今では、何を語られたのか詳細を忘れてしまったが、私はそれから宇宙に非常に関心を持つようになったのである。


小さな頃からの最大の謎は、「なぜ地球は浮いているのか」だった。

なぜ、地球は落ちていかないのか。持っている鉛筆を離したら、すぐに落ちていくのに、こんなに大きな地球は浮いているように見える。もしかしたら、ものすごいスピードで落ちているのだろうか。しかも落ちていくとしたらどこへ落ちているのか。落ちてしまったら破壊されてしまうのではないだろうか。

それを知らないのに、みんなどうして平然と生きていられるのか不思議だったのだ。どうして安心して眠れるのか、父や母の気持ちは私にはわからなかった。そんなこんなを考え尽くして眠ることのできない子供だったのである。

人は死んだらどこに行くのか。そんなことを考える自分さえもいなくなるのか。なぜ、空はソラと言うのか。青いのにアオとは言わないのか。問いかけても、答えられる大人は私の周りにいなかった。

逆に、そんなことは聞いてはいけないような雰囲気だったから、次第に、死後の世界も、宇宙も、追求してはいけない世界なのだと思い込んでいた。

しかし、映画の中で宇宙を語った佐治さんの話は、それに応えてくれた。

京都の出町にある映画館で、映画を見終わった時、この人の本を読もうと決め、最初に手にしたのが、『詩人のための宇宙授業』（ＪＵＬＡ出版局）という本だった。これまた大好きな「金子みすゞ」さんの詩を巡り、この世のことを伝えていた。「はじめに」で最初に書かれているのが、ドイツの詩人ノヴァーリスという人の詩だった。

すべての見えるものは、見えないものにさわっている。
すべての聞こえるものは、聞こえないものにさわっている。
すべての感じられるものは、感じられないものにさわっている。
およそ考えられるものは、考えられないものにさわっているのだろう。

これを読んだ時に、地球が浮いていることの解答を私は得られた。全ての天体が浮いているのは、浮いていないものにさわっているからであり、全ての天体を浮かせているものにさわっているからという答えだった。お互いに重力と斥力という二つの相反するチカラがバランスを取っている。地球から外に向かうチカラである斥力は、月から外に向かう斥力とバランスを取り合い、押し合いへし合いすることで、全ての均衡が保たれ、浮かび上がっているのだと納得できたのである。

私たちは、この宇宙の中にある全ての天体と関係性を結び、絶えずやり取りをし、生きていることを感じた。

全宇宙の全てを映した今が自分の中に存在する。これは、この地球で、私だけが持っている「私の宇宙」という意味となった。

誰もが唯一無二の存在である。それは、相似形というカタチでしか語ることができない。なぜなら、確立化して語ろうとしても語り尽くせない「何か」がそこに存在しているからだ。石の中にある言葉にできない「何か」は、唯一な個々として、誰の中にも存在しているのである。宇宙の全てと均衡をとった「何か」が。

さわっている部分は、見えている部分でもあり、見えない部分でもあり、そのどちらの部分でもある、ということになる。それこそ、マであり、アワヒである。その部分があるからこそ、この世界は存在する。そしてそこから、カタチはチサキし、広がり続ける。まるで、植物の根っこが大地に広がり続けていくように、私たちが本体だと思っている草木が地上に繁茂していくように、地下でも同じように繁茂している。どちらの世界にも分化している。見える世界が広がり続けていけば見えない世界の根っこも広がる。それらはどちらの世界も、見えない世界と触れている部分で生まれ続けているということである。これが潜象と現象の関わりである。

もし、何が真実であり何が真実でないのかという壁を越えようと思ったら、根っこでもない、草木でもない、結びを捉えればいい。真実であると真実でないが触れている部分を、である。つまり、地上の見えているものばかりで判断せず、根っこだけに注目するでもなく、そのどちらでもあり、どちらでもない、両端に分け広げている部分にフォーカスをするのだ。それは、真に見えない部分であり、感覚でしかわからない。しかし、それらが生んだカタというカタチを捉えることでわかることがあるように思う。

感覚でしかわからない世界は、思考でもなく、言葉でもなく、形でもなく、摑みどころのない怪しいものだとして、自分の宇宙でわかっておけばいい。何だかわからないけれど、佐治晴夫さんの本を読みたいと、唐突に思ったあの感覚で、子供の頃から持っていた「なぜ地球は浮いているのか」という謎がひと段落したのである。これも一つの型出しである。

映画を見るためにわざわざ高速に乗って京都まで行ったのは、サイハイバーが私を揺らしたからである。そして、映像が私の網膜に触れたことによって、網膜に触れているものが、触れていないものに触ったのである。

潜象と現象を重ねれば、必ず分化しカタチサキしていく。そして世界は「わからない」という怪しさに包まれる。わからなくなってしまうには、わからなくさせているモノが存在している。その両界を発生させている部分が、地上と地下に広がりゆく基点である。その部分は、よくゼロポイントと呼ばれている。その基点に、カタチサキさせているモノの姿を捉えることができるのである。しかし、残念ながら、その部分は私たちの目に触れることはない。感覚で捉えることしかできないのである。

古山さんは、次のように述べている。

（重合の術をしりなさい）現代語の説明では少なくとも三つの意味をあらわします。

重合とは、重ね合わせることであり、そこにも三つのパターンが存在している。三つの意味。少し難しくなるが謎の言葉を記しておきたい。

付加重合・共重合・縮重合

重ね合わせの方法を変えることで、さまざまなものを生み出すことができるのである。これらの内容はかなり専門的なことになってしまうので、ここには挙げないが、カタカムナのコトバで言い換えると、フトマニ・ヒフミヨイ・ソコソギ・ヒビキなどだ。

カタカムナコトバは耳触りが良く、わからないなりに、心の中に何かが立ち上がるような気がして不思議である。

〈フルヤマ解説〉

幼い頃に数を数えるのにヒフミヨイとそれにイチニイサンシイと復唱したことがあります。聞けば懐かしい音です。どなたも耳にした音です。これがなんで量子論と繋がるの？　と思われるでしょう。カからヒが出てフタツ対となりミとなってヨとなってイがあらわれる。

順番に言っただけです。エネルギーから渦が発生し実体の時空間を作り、その中を電磁波が飛び交っていると説明します。考えてみてください。

現代語で説明するとこれだけの文字がいるのに「ヒフミヨイ」五文字だけで説明しているのです。いったいどんな人たちがこの言葉を使いこなしていたのか？

遠い日本人のご先祖です。

次に進みます。「マワリテメクル」で向心力、遠心力、回転力によって一定の軌道を回る地球が、太陽をまわることを想像して下さい。これもわずか七文字です。

七文字にも意味があります。何回も、何回もです。「ムナヤコト」五文字で実体の物質が現れる手前で、何兆回も発現するための極限までエネルギーの渦が注入され続けると…です。

ヒフミヨイ（正）まで行くとムナヤコト（反）とまわることを繰り返すのです。

（5・7・5は和歌や俳句のリズムです）

「アウノスヘシレ」七文字で超高速で点滅する実体となり（消えるときは実体ではない）実体同士が互いに交換しあって重なり合って方向性をもって特定の質量が定まる。

（重合の術をしりなさい）現代語の説明では少なくとも三つの意味をあらわします。

「カタチサキ」五文字でエネルギーが、質量のある実体に向かって持続して発生する。

第六首

五と七の世界
ソラニモロケセ　ユヱヌオヲ
発生の物語

ソラニモロケセ—正反のエネルギー

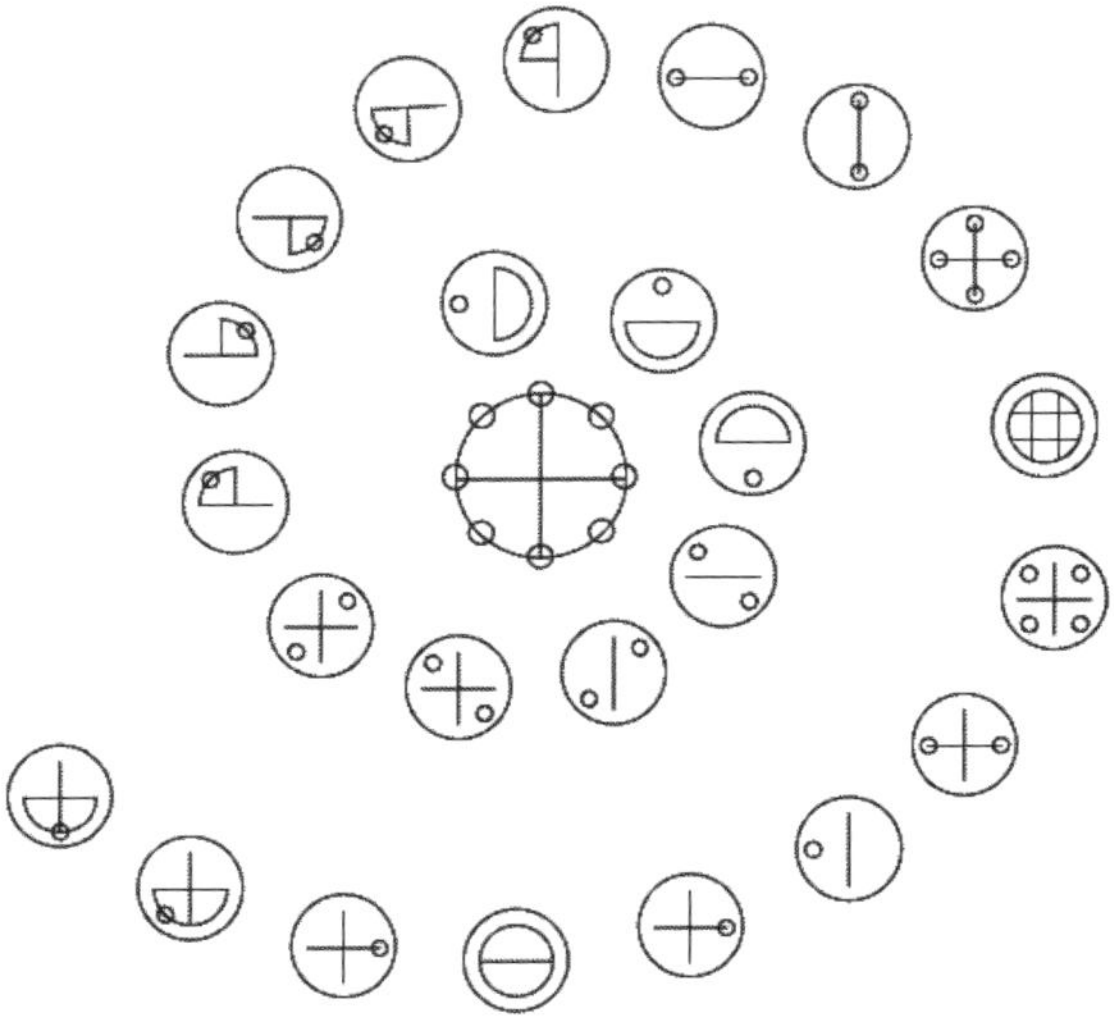

ソラニモロケセ　ユヱヌオヲ　ハエツ
ヰ　ネホン　カタカムナ

中心図象
カタカムナ図象

四十八音がこの歌で全て出揃う。はじめはワクワクしていたが、第五首・六首は、まるでテキストみたいであまり好きではなかった。相似象学会誌には、一音、一音、解説書みたいに掲載されていて、繋がりを感じられるようで、分断して伝えられている。内心、読むだけで疲れる。そのページを開くたびにそう思っていた。

しかし、声にしてこの歌を読むとき、いつも空と海の境界線が浮かんできた。ソラニは、その位置に存在するのだろうか。ソラニは、ソラニで、ソとラとニではない。ソラニ、ニで繋がるはずなのに、と疑問に思う。もしかしたらカタカムナ古代人は、海も空もどちらもソラと言っていたのかもしれない。

空はソレて海に現れ、海はソレて空に現る。海は空の中にあって、空は海の中にある。それを証拠に、空が青い時には、海も青い。海が暗い時には、空も暗いのである。

私は、小さな頃から空が好きだった。学生時代は、授業中、教室の窓から空を見ている時間が、一番自分に戻れる時間だった。家の自分の部屋からは、大阪の丸ビルを中心にいつも狭い空が広がっていた。仕事をする机は、決まって空の方向に向けるようにしている。

「ソラ」から始まる六首を見た時、カタカムナ古代人がソという音と、ラという音を切り離さずに並べてくれていることに、少なからずシンパシーを感じたものだ。

第六首は、この世界に生まれ出るモノのために、消えてゆく方向があり、消えゆく方向性は生まれ出る性質を持っていることを謳っている。

「ソラニモロケセ」七文字で物質が空間に還元して消えるのは、潜象の世界から現れる物質を消そうとする反のエネルギーが強く働くからである。超高速に点滅するのは正反のエネルギーバランスがとれていることでもある。

とてもわかりやすい解説だと思う。

ナナヨツギという性質があることはすでにお話しした。

本当に七文字と五文字で正反のエネルギーバランスが取れているのだ。七文字で消え、五文字で現れる。七文字で分解され、五文字で重合する。この世にはそんなシステムがあることを伝えている。潜象と現象が重なり合うことで「七」という周期が生まれるのだ。それがなぜなのか、楢崎先生もわからない、まさに七不思議だと書かれている。カムとアマ、重なり合うと生まれる性質なのだろう。俳句・短歌・お能・祝詞など、歌われるものは基本的にこの五と七の組子である。

私の尊敬している辻麻里子さんの『太陽の国へ』（ナチュラルスピリット）という書籍の中には、新月の日に五七調で願い事を書くと叶いやすいと書かれている。その中にも「マ・アワヒ」を伝えている部分がある。

「願い事は直接ではなく、間接的にすると効果がある」

「自分と対象のものを直線で繋ぐのではなく、両者の間に石や貝殻などの物質をおいてそこにメッセージを刻み込んで三角形を書くようにする」

本の中で主人公は、シリウスという存在からそのことを伝えられている。

マはカタ側から見たらムなのである。つまり、無、夢、ないように思えるものであり、それはマの世界で繋がっているのだ。

カタカナのマは反転するとムになることはすでにお伝えした。

ただ、これは、完全な反転ではなくて、九十度回転させてひっくり返すとムはマになる。透明のファイルにマと書いて、ファイルを時計回りに九十度回転させてひっくり返すとムになっている。この九十度反転させるのは、時空が九十度反転しながらこの世界は生まれているからである。

マと五と七の仕組み。おそらく、現象と潜象を組子にするマは、ムと関係性があるのではないか、と思う。

トキは反転してこちら側にトコロになって存在する。つまり現象が生まれる。トキトコロは重なり合うと、五七調のリズムによってヒビキ出す。これは、伊邪那岐・伊邪那美として神話の中にも描かれている。

イ・五は、極微粒子であり、伊邪那岐
ナ・七は、繋がり波であり、伊邪那美

この両界を向・ムかい合わせているマをひき出すのに、五と七を交換し、互換していく。裏は表になり、表は裏になる。繰り返していると、マ新しいモノが発生し出すのである。考えてみると、日本って、すごい場所である。俳句や短歌、お能や祝詞はそんな術を仕組み、守り、保ち、そして利用してきたのだ。「**七文字は物質を空間に還元して消える**」と古山さんは言っている。

七は何度も寄せては返す、波とも言える。粒は波の中に消えて漂う。カムに渦巻く波のような粒を消し去る反のエネルギーが強く働くからであるという。七という「ナ」の位置には反が応じるのである。反応が波を抽き出す。「反応」という言葉には、ある働きかけに応じて出てくる作用の意味がある。この場合の働きかけとはなんだろうかと考えてみる。それは、現象に出た極微粒子「イ」という反応だ。「イ」であり、五であり、七より先に出てきている極微粒子が出てきたことで、反の世界に働きかける。ある意味、出ては消し、出ては波に飲まれ、何度も波に飲み込まれつつ、出ていくということを繰り返し、形を成していくのだ。

笛も、自分の息を飲み込む師匠という反のエネルギーが強く出てくる。飲み込まれながら出て行こうと何度も繰り返し吹いてみる。そのうち、そのうち、そこに真新しいカタチが生まれるのである。

正反という仕組みには、「応じる」という流れが存在している。七は五に応じ、五は七から立ち現れる。立ち現れながら、七に応じていく。飲み込まれるものは、飲み込むものに触れていくのである。物質が空間に還元して消えるのは、潜象の世界から現れる物質を消そうとする反のエネルギーが強く働くからである。消そうとすることで、生まれるエネルギーが強く働き、結果、超高速に点滅する正反のエネルギーがバランスをとって存在しているということになる。「ソラニモロケセ」は、そういったことを表している。

私たちは、消えては出る、出ては消えるを超高速で繰り返している統計的な存在なのだ。この統計的な存在というのは、なかなか理解が難しい理である。私の意識は、この理を理解するのに何度も何度も立ち現れる「わかろうとする意識」を消そうとする反のエネルギーと絡み合い、粒は波に飲み込まれ、飲み込まれつつも粒として揮発する、を繰り返してきた。

ずいぶん前の章でお伝えした川のことを思い出してもらいたい。川全体を完璧に現すことなど無理なのだと閃いた時に、統計的存在がスッと自分のものになったのだ。すくい上げた水は、川の一部であり、何度も繰り返しすくい上げることで、平均的な川をヒき出してくる。でも、それは川の統計的なコトであって川そのものではない。でも、統計的存在だとしても、その中には川全体が映し出されているわけで、そこから未来の川を予想することも、過去どうだったかをも知ることもできるのである。同じように私たちも、統計的な存在というわけである。

すり替わり入れ替わり、自分という今はどんどん変遷していく。

変遷し続けている自分の一部を取り出し、また、その一部を取り出して、統計的な自分を知っていく。でも、それは本当の自分ではない。本当の自分は、決して捉えることができないのである。本当の自分は、川よりも大きな存在であり、量子よりも小さな存在である極微粒子が集まって出来上がっているのである。

誰かに、自分をどのように判断されたとしても、それは自分の一部分であり、全体ではない。全体の自分など、自分でさえも知ることはできない。宇宙のあらゆるものと関係を持ち、地球のあらゆるものと繋がり合っている自分のことをどんなふうに捉えようとも、それはいつも一部でしかないことをこの歌は伝えてくれている。

空もそうである。私の見ている空と、地球の反対側で見ている空は違う。日本の中でさえ少し移動すると、雨が降っているこの場とは違う空が広がっている場所がある。けれども、その空はすべての世界で繋がっている。空のない場所は、地球上においてはどこにも存在しない。同時に大地がない場所も、この地球上においてはどこにもありはしないのである。

出てきては消えてなくなり、それでも、何度もヒビキを起こし、アウトブレイクを果たしたモノたちが、消える量よりも微かに出てくる量が上回った分だけ、この現象というものを作り上げる。

アマとは、余っている余剰のモノという言葉にも転化されている。
カタカムナの先生が言っていた、「この世界など、皮膚の表面に浮かんでくるホクロのようなモノです」という言葉。確かに、そうなのかもしれない。目の前にあるあらゆるものが、少しだけ上回ってここにあるのだと思ったら、なんだか健気で大切にしたいと思い始めた。

ユヱヌオヲ──物質の三態を繫ぐチカラ

「ユヱヌオヲ」五文字で逆に潜象世界から現れようとする（四相の姿になって湧き出してこようとする）正のエネルギー粒子がどんどん界面（回路）に集積してくるのは理屈ではない。

フトタマで見た、あのレモン型が二個組子になっている図を思い出す。確かに、二つの丸が組子になってレモン型が生まれ、それが回転し出すと、四つの丸を作り上げていく。それらが結ばれているのが十字というトキトコロを表す線である。四相とはこれのことを言っているのか。

物質の三態は学校で習った。気体と固体と液体である。物質は温度と圧力に応じて、固体と気体、そして液体の状態を交換している。状態が変化してもその物質であることは変わらない。しかし、カタカムナは三相ではなく、四相と言う。

これは、なんとなく最初からわかっていた。それらを繋ぐチカラの関わりが抜けており、そこには液体から気体へと変遷させるチカラの世界がある。粒子が不規則であればあるほど、気体となり、粒子が規則正しく繋がっていれば固体になる。

だから、四相目は、それらを整然と並ばせている先生のような存在だ。

粒子を繋ぎ合わせたり、バラバラにしたりする、最も見えない存在がそこにはある。ユヱヌオを繋いでみるとまるで四葉のクローバーのようである。四葉のクローバーが幸せを招くのは、ここからきているのかもしれない。

「ユヱヌオヲ」という記号の説明をすると、潜象界から、ユ・お湯が湧くように、ヱ・枝分かれし増殖し、ヌ・潜んだ世界から、オ・奥へ、前へと押し出されてくる。向こうとこちらを繋ぐマには、反のチカラで消えたモノたちが、今か今かと発生するトキトコロを待ち望みながらひしめき合っている。ひしめき合っているモノたちは、

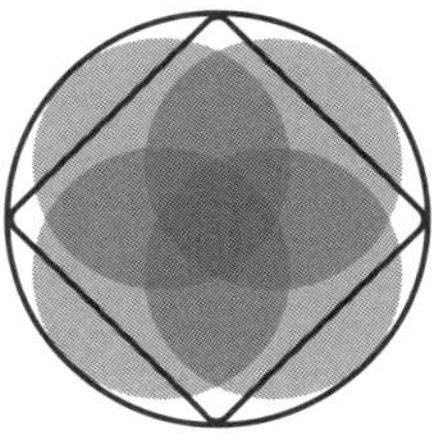

四相性が生まれることで、お湯が沸くように、枝分かれし増殖し、潜んだ世界から奥へ前へと押し出されていく。一旦は、消えたかのような世界も、正反対向して、反は正を求めて、奥へ前へと出ていくのである。つまり、「ユヱヌオヲ」とは、とてつもなく大きなチカラを秘めていることになる。

固体から気体へ、気体から液体へ、液体から固体へと、物質の三態の間にある四つ目の相はいつも正反を繰り返して物・モノ、物、モノと組み替えを起こしているのである。そのチカラが、固体・気体・液体を生み出しながら、変遷させていく四相目の存在であると私は考える。結果、この世界は消えながら生まれている世界であると言い換えることができる。五と七の世界なのである。このマで、「見える」は「見えない」に、「見えない」は「見える」に同時に変遷していることを「ソラニモロケセ　ユヱヌオヲ」とカタカムナは伝える。まさに、般若心経の「色即是空・空即是色」である。

現象界カタと潜象界カムはカタカムナとなって、この結ばれた世界を映し出す。カタカムナ上古代人にとっては、見えている世界も見えていない世界も結果でしかなかったのである。彼らにとって、触れていた、接していた、凝らしていた世界は、このカタカムナとしてある「マであり、アヒダの世界」なのだ。

ハエツヰネホン――「ヰ」をめぐる世界の創造

「ハエツヰネホン」七文字で正反のエネルギーが絡み合いながら進むとヒトの枝分かれがおこりそれに伴って潜象に根が伸びてはりめぐらされていくのが根源である。


「ハエツヰネホン」とは、二つの世界が、ヰという穴によって結ばれているという意味である。

「ハエツ」とは出てくるもの、現象するもの　広がり枝分かれしていくもの。「ネホン」とは潜むもの、潜態するもの、根っこのように潜態しつつも、ハエツと繋がり合いたいと焦がれるものを意味する。それが「ヰ」で繋がっていることを示している。

「ヰ」とは、井戸の井と同意語である。ヰ・はこのような記号を書く。

また、「ヰ」というのは、出入り口であり、扉の役割も果たしている。と言うのも、この後からいよいよ古事記の解説が始まるからである。

この六首までが、カタカムナの理を説いており、カタカムナの基本的な部分を完結させている。したがって、一首から六首まではカタカムナの理を知るために、とても重要な歌なのである。

カタカムナ文献は、この後に続く古事記も発生物理として表している。天空が生まれ、天地から様々なものが生まれ出てくる。が、それもこれも、すべて第一首から第六首までのカタカムナの理に沿って出てくるのである。

フラクタル。相似形。すべてはこれまでの理を元に、相似形で生まれ出てくる様を表している、壮大なこの世の発生の物語である。

このヰというカタカナは戦後なくなってしまったが、大事な声の音符である。ヰという穴、潜象と現象に分かれたことで口が生まれる。潜態してきたものたちが、イヨイヨ繁茂・繁栄・伸長・直立する場を得る。

空と海の境目。雨が降るか降らないかの瀬戸際。樹木の根っこと、幹の間。繁茂する枝葉と幹の付け根の間。やかんの中で水が水蒸気に変わる間際。生命が宿る瞬間。生命が生まれるヒビキ、そして、生命が消滅するその瞬間。

ここには「マ」が存在している。曖昧でわからない怪しい部分がここなのである。そして、曖昧でわかりにくい部分に全てが集約され、そこにこそ、全てが存在している。だから、カタカムナ古代人は、「マ」に向かい合い、日々存在してきたのだと感受する。

この第六首は壮大な歌だと思う。ソれたモノの根拠を歌い、ソ・それたモノは新しく生まれ出てくるモノを抽き出していく。

ただ生まれる、生まれさせているという世界ではなく、反であるカムの世界に漂う生まれるチカラは、正のカタの世界にある消失するチカラと反転し合いながら繋がり合っている。そして、少しだけカタの世界に顔を出している部分だけが、現象として存在し続けているのである。

ハエツヰネホンとは、ヰという扉でカタとカムが結ばれ、世界が今もなお、創造され続けていることを伝えている。

時折つまずく私に、このようにつぶさに世界の有り様を伝えてくれた人は、カタカムナ古代人に出会うまで一人もいなかった。

〈フルヤマ解説〉

「ソラニモロケセ」七文字で物質が空間に還元して消えるのは、潜象の世界から現れる物質を消そうとする反のエネルギーが強く働くからである。超高速に点滅するのは正反のエネルギーバランスがとれていることでもある。

「ユヱヌオヲ」五文字で逆に潜象世界から現れようとする（四相の姿になって湧き出してこようとする）正のエネルギー粒子がどんどん界面（回路）に集積してくるのは理屈ではない。

「ハエツヰネホン」七文字で正反のエネルギーが絡み合いながら進むとヒトの枝分かれがおこりそれに伴って潜象に根が伸びてはりめぐらされていくのが根源である。

カタカムナ——この宇宙を産み続けているチカラ

「カタカムナ」五文字でエネルギーが潜象エネルギーの中から何回も何回も現象界に飛び出してくることが根源であるし潜象界現象界どちらにも繋がっているのがすべての根源で

ある。

これが本質である。繰り返しになるが、分けている部分は、潜象でも現象でもない。つまり、分けることのできない部分である。

樹木のどちらにも繋がっている部分。そこから地下へと、そして地上へと伸びていく、果てしなくあやふやな部分。さらに言えば、ここからが大人で、ここまでは子供という区別のつかない部分や、ここまでが青であり、ここからは赤と区別がつかない夕暮れ時のグラデーションになっている空の色も、あやふやな部分に含まれる。朝日である部分と、夕日である部分も重なり合っていてはっきりしない。この曖昧でわかりにくい部分が、カタカムナの根源なのだ。陰陽ではない、陰陽の奥にあるツナギ・ムスビ、そしてマが表している部分である。

この世の中の物理法則、生まれ出たものは必ず崩壊の方向へと進むというエントロピー増大のシステムがあったとしても、このマが存在することによって、それに抗うチカラの存在が生まれるのである。それこそが正反対向という、カタカムナの重要システムが絶えず発動していることによって起きてくるのである。

古山さんの言う**「超高速に点滅するのは正反のエネルギーバランスがとれている」**とは、

このマの部分で起きている現象のことである。カタカムという繋がりが超高速で点滅しているにもかかわらず、私たちには、カタしか見えていないのである。音楽で言えば、リズムを裏でとる裏どりというのがあるが、まさに裏だけで取れば、カムナを捉えることが理論上、可能になるだろう。

この世の中は正反対向しているため、カム側からカタの世界に焦がれ、追いかけ、チカラは遂にこちらに出てきたはずなのに、焦がれた相手はすでに反対側に存在し、また反対側に焦がれてと、くるくると回転する。回転は渦を作り、同じような渦がこちらと向こうに生じる。つまり正反の位置で渦を巻くのである。

私たちが見ているものは、現れるという流れが作り出した効果として、そこにあるように見えているだけの動的な「何か」なだけなのである。

カタカムナは、「マ」には人間の意識が密接に深く浸透する部分があると言っている。カタの世界の出来事が、マに傾きを作り、何モノかを発生させる元になる。そして、カタの世界の出来事はカムから映し出された動的な何かなのである。見事だなぁと思う。

理が生み出す流れは消滅の方向に傾けば傾くほど発生は強まり、発生の方向にのみ傾けば、崩壊へと誘われる正反のバランスがある。動的な平衡バランスの中に私たちはいるのだ。
そのような動きを生んでいるのが、まさにカタカムナが持つチカラの織りなす流れである。

第一首　カタカムナ　ヒヒキ　マノスヘシ　アシアトウアン
　　　　ウツシマツル　カタカムナウタヒ
第二首　ヤタノカ　カミ　カタカムナ　カミ
第三首　フトタマノミ　ミコト　フトマニ　ニ
第四首　イハトハニ　カミナリテ　カタカムナ　ヨソヤコト　ホクシウタ
第五首　ヒフミヨイ　マワリテメクル　ムナヤコト　アウノスヘシレ　カタチサキ
第六首　ソラニモロケセ　ユヱヌオヲ　ハエツヰネホン　カタカムナ

謎だった言葉が、今は私を支える基本的な指針になっている。本当に、古山さんの次の言葉通りである。

ミクマリは人の思い

フトマニは人の倫理
ヤタノカカミは自然界の示しと考えています。
ミクマリの歌は人の思いを訴えるもの
フトマニに基づいた歌は人間が自然界を論じることからカタカムナ人の思考の仕方を知ることができ、ヤタノカカミの歌は天然自然をカタカムナ人が感じとったことを描いたものであると考えています。

一度、退行催眠で、古山さんに出会ったことがある。

私は深い洞窟に住む部族の一人で、洞窟の外に出て大きなサークルを描くように座り静かに話をしている。その中に知った顔が幾人かいて、そのうちの一人が古山さんだった。

私たちは森の中に住んでいたが、ある時、波が押し寄せるように新人族が現れて全てを覆い尽くしてしまったのである。

遠くの空に、いつまでも高く煙がたなびくようになり、鳥たちが満遍なく広がるのではなく、一定の場所に巣食うようになり、獣たちも森の中でやたらと目につくようになってきた。いつのまにか水の流れが変わり、森の気配が薄くなってきたが、いつか終焉が来るような気がしていたから私たちはあまり驚いていていないようだった。

私は、密かにあるモノを、下草か上草かわからないような草で覆いかぶされた場所に溶け込ませていた。

「土の中に土を隠した」

その時の私は、「いつか必要な時に『これ』が出てくるように」などと全く考えていなかった。

「二度とこのモノは出てこないように」「二度とここには立ち戻らないように」と唱える。

なぜなら、「これ」は、根源を知らずに扱うには、危険すぎるからだ。誰にでも使えるが、誰にでも扱えるモノではない。

根源とは、まさにカタカムナ、マであり、この宇宙を産み続けているチカラのことである。

あとがき

古山解説と共に第六首まで進んできました。

今回もなかなかまとまらず、当初は解説として、書いてきましたが、原稿を見せた方にズバリと言われたのです。

「あなたが伝えたいことは、解説として伝えると非常に難しくなる。言葉の説明をしているので、説明している言葉の説明をまたしなければならず、解説が、解説の解説、解説の解説の解説になってしまって、あなたらしさがなくなっているように思える。本当にあなたが伝えたいことは、物語にしてしか伝わらないかもしれないわね」と。

なるほど、と思いました。

原稿の向こう側には古山さんがいるので、さらに難しくなってしまっていました。

物語にすれば、私が受け取ってきた諸々の事柄も、小出しに皆さんに伝えられるかもしれないと思いました。それは、わかりにくい夢のノートのことも含めてです。

ここに書いたのは、ほとんどが現実のことでありますが、ほんの少しフィクションが混ざっています。

カタカムナを始めてから、不思議な夢を見るようになったのは本当です。

よく見る夢は、頭上から言葉が落ちてくるような夢です。

木の葉のようなものに文字が記載されているような時もありますし、透明の飴菓子のようなものが降ってくることもあります。そんなものから逃げまくる時もあれば、声を潜めて隠れている時もあります。とにかく、なぜか逃げ隠れ、見つかるとまずいと思っている自分が夢の中に居座っているのです。大切なことを言われた時などは、必死になって覚えようとしているのですが、目覚めて体を起こしたら忘れてしまうことがよくあり、枕元にペンとノートを置くようになりました。これは、本書に書いた通りです。

半ば眠りながら書いていて記憶のないものもありますので、書いた文字の上に何度も上書きして、なんのことかわからなくなったページもあります。もしかしたら、そのページには、とても大切なことが記載されていたのかもしれません。

夢うつつで歌を歌っている時もあり、忘れたくないフレーズの場合はすぐに録音するのですが、後から聞いたら寝ぼけ声の掠れ声で、聞けたモノじゃない音が録音されていたりするのです。

夢は私の人生に全く関わりないモノでしたが、そんな私をカタカムナは夢と強烈に結びつけてくれました。

夢のノートは今、四冊目になりました。

物語の中にも出てきますが、ある時、友人の計らいで、ある方にお会いする流れになります。その方に最後に言われたのは、

「あなたの中に、あなたはその程度ですよ、というのがありますね」

という言葉でした。

そう言われて、思い当たる節がありました。

「私はその程度」ということを、私の中にしっかりと落とし込んでいたのでしょう。その方のヒビキが、私の中のマをアウトブレイクしたのか、その日の夜から夢の見方が変化してしまったのですから、驚きました。まさか、こんなことがあるのかと、この世のシステムは本当に不思議だと思いました。

見えない世界と見える世界のマは、たった一言でマワリテメクルするのです。「私はその程度」は、反の方向へと放たれていったようです。もしかしたら、人生はとてもシンプルなのかもしれません。

さて、古山さんの残したウタヒ解説の「やり直し」、抜け落ちている図象などを訂正するために始めたこの原稿ですが、結果このような形になりました。

この原稿を書いている間、何度も何度も繰り返し古山さんが夢の中に出てきました。本当に大切なのは、一首から六首だと、伝えてきます。姿は見えず、それでも声の音色は古山さんなのです。

「あなたの目の中に多くの人がいる。だからちゃんとしたことを伝えなければと思います」

今回も私の書いたものを目にした皆さんに、ちゃんとしたことを伝えようとしているのだと思います。私にとってこの師匠は偉大で、どれだけ学んでも超えられそうもありません。

残り七十四首のウタヒが残っています。できるだけ早い段階で、こちらも何とか形にしたいと思っています。基本が伝えられたので、ここからは猛スピードで出来上がりそうです。

出版にあたり、拙い文章の物語を快く出版の形にしてくださったヒカルランドの石井社長に心から感謝しています。また、担当の川窪さんにいただいたメールのコトバに、何度も励まされました。原稿を読んで手厳しいアドバイスをくれた我がスタッフにも感謝しています。

カムからカムエールを送ってくれている我が師匠、古山明弘さんにも、カタカムナのオカゲのチカラ、サイハイバーにも。

そして何より、本書を最後まで読んでいただいた方々、本当にありがとうございます。師匠を超えられるように、努力をまだまだ続けていこうと思います。

川井　亜哉子

参考文献

・広辞苑　岩波書店
・詳説古語辞典　三省堂
・新しい論語　小倉紀蔵　ちくま新書
・太陽の国へ　辻麻里子　ナチュラルスピリット
・あわいの力　安田登　ミシマ社
・電気のすべてがわかる本　ナツメ社
・詩人のための宇宙授業　佐治晴夫　ＪＵＬＡ出版局
・KATAKAMUNA80　古山明弘
・相似象学会誌

川ヰ亜哉子　かわい　あやこ
大阪市生まれ。neverLand主宰。「相似象学」を学び、「カタカムナ相似象」として、独自にカタカムナウタヒの研究を続けている。「ヒトリヒトリがカタカムナのヒビキになるために」という内容の「相似象教育」をスタートする。

相似象学という、何かと何かが接することで生命の発生があるというカタカムナ発生学を学び、それをベースに宇宙の摂理を日常に取り入れることで、自身の人生はもちろん、セミナー受講者からも人生が好転していくと大きな反響を呼んでいる。

カタカムナの師匠は、故「フルヤマアキヒロ」師匠のモットー通り、この師匠を越えるために日々、カタカムナに研鑽中。

著作『相似象カタカムナ』(廣済堂出版)、『ハジマリのカタカムナ』(ヒカルランド)

進展相似象

カタカムナのチカラ

この宇宙を産み続ける〈潜象と現象〉の本質に迫る！

第一刷　2024年8月31日

著者　川ヰ亜哉子

発行人　石井健資
発行所　株式会社ヒカルランド
〒162-0821　東京都新宿区津久戸町3-11　TH1ビル6F
電話　03-6265-0852　ファックス　03-6265-0853
http://www.hikaruland.co.jp　info@hikaruland.co.jp
振替　00180-8-496587

本文・カバー・製本　中央精版印刷株式会社
DTP　株式会社キャップス
編集担当　川窪彩乃

ISBN978-4-86742-406-3

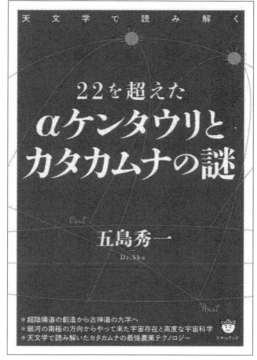

ヒカルランド　好評既刊！

地上の星☆ヒカルランド　銀河より届く愛と叡智の宅配便

「ウタヒと松果体超活性」
カタカムナ人はこうして潜象界を動かす！
著者：芳賀俊一
四六ソフト　本体 1,600円+税

ヒカルランド　好評既刊！

地上の星☆ヒカルランド　銀河より届く愛と叡智の宅配便

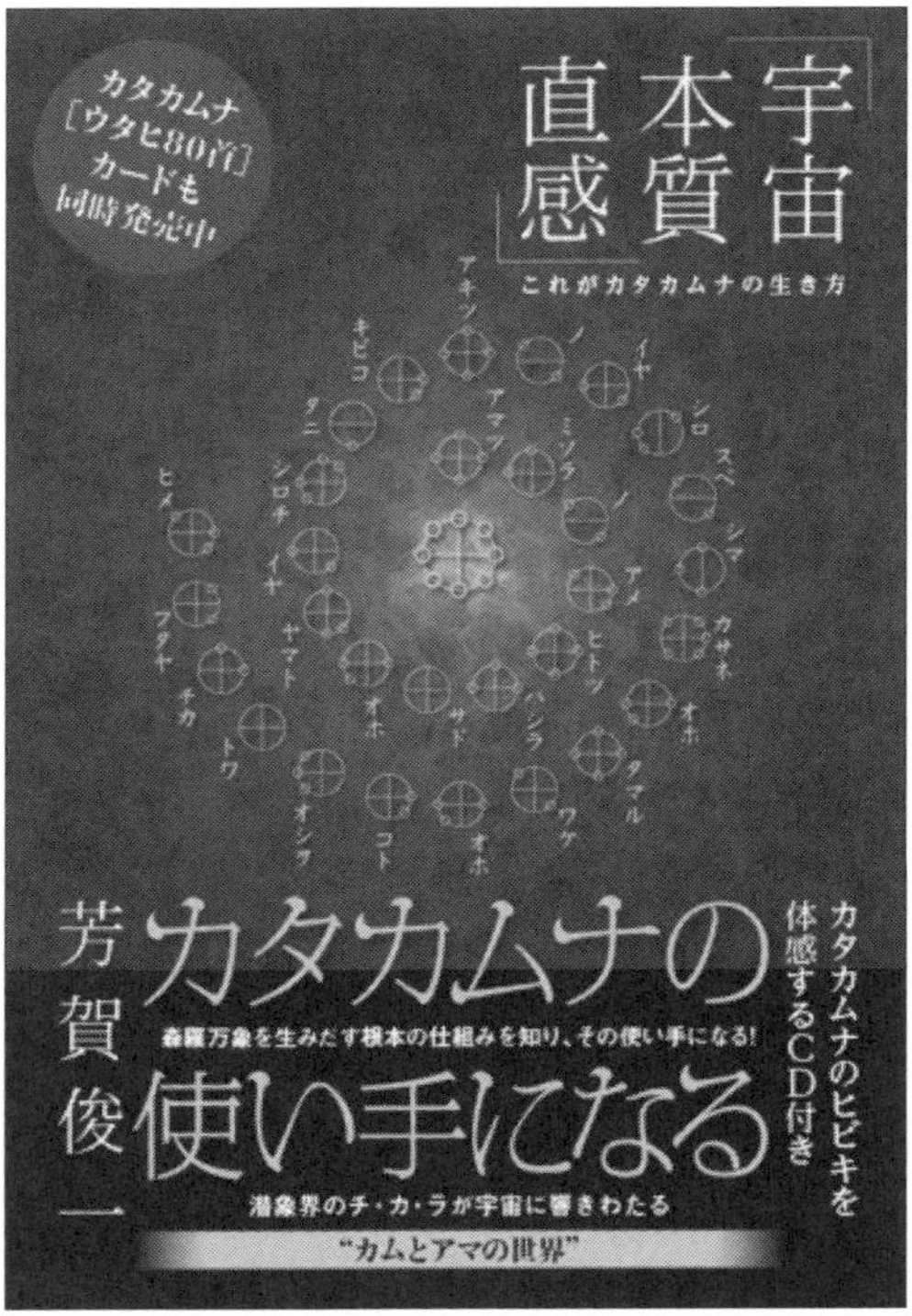

カタカムナの使い手になる
《宇宙・本質・直感》これがカタカムナの生き方
著者：芳賀俊一
四六ソフト　本体 1,759円+税

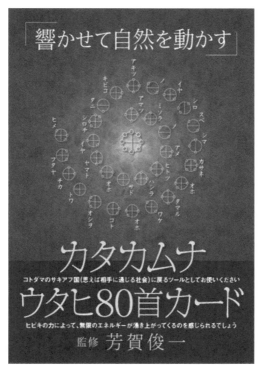

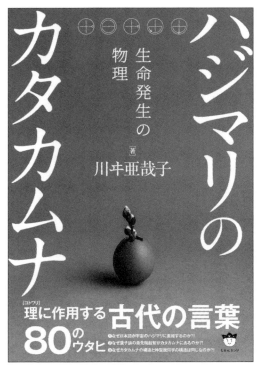